スウェーデンののびのび教育

河本佳子

新評論

もくじ

第3章 中学校

スウェーデンの**のびのび**教育

序章

価値観の相違

毎日のように、私はスウェーデンと日本との違いを考えさせられる出来事に遭遇する。ケーキを一つ切るにも、日本では〝均等に〟が一般的だが、スウェーデンでは自分が〝欲しい分だけ〟を切る。白菜やカリフラワーなどを、生のままサラダにしてパリパリと食べる。雨が少々降ったぐらいでは傘をささないで濡れたまま歩く。中学生の娘が招かれたパーティは何と夜の九時から始まり、同僚の話では、高校生にもなると男女が互いの家で週末を過ごすことは一般に公認されているともいう。

スウェーデンの歴史や風土、文化的な背景を考えるとそれは当然のことなのだが、違いが生じる要因をいろいろ考えてみると、スウェーデンはまず個人があってその上で集団のある国で、それとは反対に、日本は集団というものが先にあって個人が存在している国というように思われる。つまり、国によって社会的価値観が根本的に違うということである。

どちらかの是非を問うてるわけでは決してない。これまでの歴史にもとづく確固たる社会があり、その国に必要な人材を育成しようとして、両国とも素晴らしい文化や生活風習が生まれてきていることは間違いない。

スウェーデンにおけるこのような考え方や価値観は、この国がつくり出した教育システムによって育まれていると私は考えている。ご存じのように、とくに医療福祉のシステムにおいて顕著であるように、この世に生をもって生まれた者は、誰しもが人間的に充実した人生が送れるように、個人一人ひとりを大切にしようとする教育が幼いころから行われ、そしてそれが机上論にとどまることなく社会生活の中に反映され徹底されている。私がここでいう「個人を大切にしようとする教育」とは、もちろん自己中心的な教育を意味しているわけではなく、自分で考える能力を養う「自己形成の教育」という意味である。自分で考え、判断し、豊富な選択肢のなかから自分に合うものを選びだして行動に移す。そして、その結果には自分自身が責任をもち、さまざまなトラブルに直面しながらも自らの人生を楽しむというものである。

スウェーデンでは、自己決定権をフルに活用するためには、自分で判断するという基本能力を幼いころから養う必要があるとしている。また、このことは、高齢者になっても自分のことは自分で決めるという生活スタイルは変わらず、社会システムも当然としてそのことを許容している。

一つのレールの上をことさら突っ走る社会ではなく、ゆとりと余裕のある寛大な社会構造がこの国にはあり、一人ひとりが個々の人生を「演出する」チャンスに恵まれている。もちろん、脱線することもあるわけだが、この国ではそれを恐れる人は少ない。なぜなら、再スタートがいつでもできる環境が整っているからだ。さらにひとつ付け加えておくと、「個人を大切にする教育」という言葉のなかには、自分を愛するだけでなく、〝他人を敬うこと〟という意味も込められており、それがゆえに相互に尊重することができ、平等という基本理念が社会の基盤にすえられることになる。

冒険心の旺盛な私は、三〇年以上も前にこの国に来て、いつのまにか居座ってしまった。現在、作業療法士としてマルメ大学総合病院の一角にある「ハビリテーリングセンター」で働いている。このセンターには、知的障害者や身体障害者が治療や訓練のためにやって来る。そして、私たち医療チームのスタッフは、障害者が生活している現場、自宅、保育園、基礎学校、高校、職場などへ直接出掛けていって、機能評価や訓練をすることになる。作業療法士は、障害者の全体像をつかみ、健常者と変らぬ生活ができるように日常生活の動作訓練、補助器具の援助、暮らしやすい生活環境を整備するための住宅改善など、さまざまな仕事

ハビリテーリングセンター（Habiliteringcenter）

語源は、ラテン語からくる「ハビリ（habilis）」（習慣や適性）を意味している。病気や事故など後遺症の残る障害者のために、社会復帰や日常生活の再生訓練をする意味で、「Re」の「再生、復帰」という接頭語をつけてリハビリテーション（rehabilitation）という医学用語になった。しかし、実際には二次的障害よりも先天的障害のほうが多いので、回復や復帰を意味するのはおかしいと言われて「re」を省き「ハビリ」を使っている。現在は、「習慣づける」「応用する」などの意味で使われており、スウェーデン語では「ハビリテーション」が「ハビリテーリング」になる。そして、この「ハビリテーリングセンター」と呼ばれる所で多くの人が、小児、青年（0～20歳まで）を対象に各地で治療訓練を行っている。

をしている（詳しくは、拙著『スウェーデンの作業療法士』新評論刊を参照）。

一人の障害者に対しては常に一つの医療チームがつくられ、家族、介護人、医療関係の職員、福祉関係の職員、学校や職場関係の職員など数名の専門職が一団となってケアチームを組み、障害者を中心に対等の立場で個人のニーズに合ったケアプランを立てている。簡単に対等の立場というが、それぞれが対等の立場に立って議論をするということはひと言で言い表せるほど簡単なことではない。読者の方々で、日本における生活環境のなかでこのような風景に出会ったことが過去において何回あったか思い浮かべてほしい。たぶん、皆無ではないかと思う。しかし、スウェーデンではそれが当たり前となっており、どのような場合でもスムーズに議論が進んでいく。縦の社会ではなく、医者もスタッフも教師もファーストネームで呼びあえる社会がそこにはあり、常に対等の立場で主張できるライフスタイルがこの国には備わっている。

一例を挙げると、医者が病院の廊下にゴミを捨てたとすると、掃除婦は医者のファーストネームを呼んで注意をする。「ドクター何某！」と呼ぶのではない。「エリック」とか「ジョン」というように呼んで注意をするのである。そして、ゴミを捨てた行為が悪いのであるから、医者も素直に謝ることを当然としている。

誰でも、医者になろうと努力さえすれば、スウェーデンではその可能性が十分ある。ひょっとすれば、今日、掃除をしているこの人も未来の医者かもしれないし、今、医者として働いている人の右腕として職場をともにするかもしれないのだ。同じように、道路工事をしている目の前の人が明日のスウェーデンを担う政治家になる可能性もある。現在のポジションにおいて上下関係を決めてしまうという道理が、ここでは通用しないのである。

医療も福祉も教育も、常に連携された形をとっている。そして、最終的にいつ、どこで、何をするのかを決めるのはやはり本人となる。強い人も、弱い人も、誰しもが平等であろうとする国、そして、それを極限まで可能にしている国、それがスウェーデンといえるだろう。

冒頭でも述べたように、それを可能にしているのが幼いころからの教育のあり方であることが長年この国に住んだことでよく分かる。私は、本書を著すことで、スウェーデンの教育がどういうものであるか、その内容を、内側から欠陥も含めてすべてあるがままに紹介したい。保育園で障害児教育を続け、作業療法士として働き、大学でさまざまなことを学んだ。私の三人の子どもは基礎学校、高校へと通い、また私自身、仕事上たくさんの学校を訪れて教師への指導を行ったり、彼らから多くのことを学び協力を得ている。それだけにスウェーデンの学校教育というものを、あるときは生徒としてまた母親として、そしてあるときは教師としてまた作業療法士としてさまざまな角度から見てきた。

実験国家とよくいわれるように、スウェーデンの教育界も国の政策と同様変動が激しく、唸りたくなるほど多い制度改革で呆れ返ることもしばしばある。しかし、機会均等の理念を浸透させるためだけに「男女の平等」が叫ばれたりして、改革されているわけではない。また、強弱関係なく、国民全員が画一的な一斉教育を受けているのでもない。あくまでもこの改革は、それぞれ個人の能力に合わせた教育を実践しようとしている結果なのだ。平等とは、すべてのものを丸くすることでも四角にすることでもない。それぞれの人がもつ個性や能力を尊重し、それ相応の対応をすることが平等につながるのである。四角も丸も、そして三角も、それぞれの特性があるからこそハーモニーが生まれるのだ。個々を認めてこそ真の平等を生むことができ生きた教育になる、ということを私はスウェーデンで学んだ。

スウェーデンでは、多額の税金を払うことによって得る安全と安心感があり、国家は平和を保障している。自然災害か世界的な不況が起こらないかぎり、国民はのんびりと一生を過すことができる。それだけの社会構造を、大いなる努力のもとにこれまで築き上げてきた。その結果、基礎学校（九年の義務教育）で本当の意味での「個人を大切にする教育」が成り立つ余裕も生まれたし、仮に落ちこぼれていても、意欲さえあれば成人してから何度でもやり直せる可能性が社会のなかに豊富にあるのだ。

「あせらないでいいじゃないか、ゆっくりで。人間は、一生涯学習する生き物なのだから」

こんな言葉が聞こえてきそうな、スウェーデンの教育制度である。

教育の歴史的背景

スウェーデンの教育を語る前に、少し歴史や背景を知ろうと図書館で本（参考文献一覧参照）を数冊借りてきた。それらを読んで、私なりに簡単に整理したので紹介したい。

スウェーデン語の「スクーラ」（skola=学校）はギリシャ語の「schole」が語源で、本来は「余暇」を意味していた。労働を強制されないで、余暇のたっぷりある資産家の息子たちが暇つぶしに何か手習いをしようという程度だったそうだ。それが、キリスト教（ローマ・カトリック）の普及とともにスウェーデンに上陸した。その結果、全国津々浦々にまで教会が建てられ、村のある所に教会ありか教会のある所に村ありかという、どんなに小さな村にでも教会の尖った三角屋根の塔が遠くからでも一望できるという風景ができあがった。同時に、司祭の育成のために教会は重要な宗教教育の場となり、当時の国際語であるラテン語は、読み、書き、算術の主流となって聖職者たちに伝達された。

天まで届け、三角屋根のアルヘルゴナ教会

一五六一年には、エーリク一四世が初めて簡単な学校制度を設立している。その後、何度もこの制度は改革されているが、当時は、貴族あるいはごく一部の裕福な商人だけが聖職者とともに勉強できたらしい。貴族などは、自宅の一部を勉強部屋（家庭内学校）にあてがって聖職者や家庭教師を迎えて勉強していたということだから、一般庶民や農民には、いかに教育というものが高嶺の花であったかが分かろう。

日本では、江戸幕府が鎖国政策の続行に動揺していたさなか、スウェーデンでは一八四二年に最初の「民衆学校法」を制度化した。全国の子どもたちに一応表面上では学校教育を義務づけたのだが、実際には男子優先で、すべての子どもたちが民衆学校に通えるわけではなかった。家庭教師を雇用した裕福な家庭などでは、もちろん家庭内学校制が許可されていた。

この民衆学校法は、学校制度を一般化する主旨で、各教区や村に学校施設と教育者を準備するようにと提唱したものだった。教育の拡大化を推進させようとしたのだが、実際に学校が一般国民に行き渡ったのは何とそれから六〇年後のことである。

国家は、村や教区が学校建設や場所を提供する代わりに、教育者の養成を一手に引き受けることを約束している。しかし、その養成責任を中央教会の大司祭に委任したため、指導者の養成内容はキリスト

エーリク（Erik）14世（1533～1577）

グスタフ・ワーサ（Gustav Vasa）王の長男として生まれ、1560年に国王となった。ルネサンスの象徴ともなった金銀宝石をまとったエーリクの盛大な戴冠式は、ワインやビールの溢れる噴水や花火とともに後世まで語られている。1567年には一般庶民のカーリン（karin）と結婚しているが、7年間に渡るバルト海戦争を始めたり、無節操で狂気じみた独裁政治をしたために王族や貴族から批判され反逆にあう。1568年には王の座を追われて捕われの身となり、外界との接触を断たれ、逃亡しないようにするために地理の分からない各地を転々とさせられた。1577年に、異母兄弟のヨハンに毒殺されたともいわれている。

教（ルーテル派）が主流となり、当然、全国の学校教育も宗教色の濃いものとなってしまった。授業は難解なラテン語が大半で、卒業できなかった者が何と全生徒の七五パーセントもいたというから驚く。

女子にいたっては、一八〇〇年代の後半になってやっと私立の女学校ができたという程度で、とても義務教育といえるレベルではなかった。

一九〇〇年代に入って、産業の発展とともに一般国民の学校教育の重要性と実用性が提唱されることになった。そして、一九一九年にはそれまで確立されていなかった多種多様な教育指導方法を学校連盟の管轄下のもとに統率している。つまり、最初の教育要領ともいえる指針がこのときに出されたのだ。学校制度も、四年間の初等民衆学校を卒業すると五年間のレアール（実用専門）学校へ、もしくは六年間の初等民衆学校卒業後は四年間のレアール学校への進学などと、その制度も地域によって違うという多種多様な形をとっていた。この形が、その後、九年制の基礎学校と三年制の高等学校へと変革していったのだ。

一九四八年、当時のターゲ・エランデル首相を筆頭として各党は統合して教育審議会を設け、スウェーデンの学校教育はデモクラシー（民主主義）にそって運営すべきであると提唱した。そして、そのときに出された基本的な指針が次の四つであり、名実ともに義務教育の浸透を図ったといえる。

❶学校教育は平等であるべし。

❷学校教育はデモクラシー（民主主義）を基盤とするべし。
❸学校教育は実用的かつ日常的な目標を主とするべし。
❹学校教育は生徒が活動しやすいように対応するべし。

この根本的な指針をふまえて、教育を全国的に統合するのにもっとも重要な「基礎学校学習指導要領（Läroplan）」を一九六二年に規定した。そしてその後、この指導要領は何度も改善されてゆくことになる。たとえば、一九八〇年には従来の「社会サービス法」と「基礎学校学習指導要領」の内容が大幅に改善され、民主主義の育成をさらに強調し、人間的価値観、社会的価値観、知識的価値観などを重視し、何らかの障害をもつ人々のためによりいっそう力を入れるものとなった。各機能障害をもつ生徒が施設

ターゲ・エランデル（Tage Erlander・1901～1985）

スウェーデンの中でも最も自然が美しいとされている北地方のヴェルムランド（värmland）出身。民衆学校の教員とキリスト教会のオルガン演奏者を兼ねていた父親の影響を受けて、宣教活動や禁酒活動に力を入れていた。ルンド大学での学生時代には、朝刊紙〈労働（Arbete）〉で革新的な記事を載せて議論家として知られるようになった。1928年に社会民主党に加わり、1933年には国会議員となっている。彼は均等な教育政策に興味をもち、そのためにも福祉を充実させるべく1946年から1969年に退職するまでの長い間、スウェーデンの首相として先進的な福祉国家を繁栄させ、国民から愛される首相となった。

などに隔離されないで、学校の敷地内の統合された特別学校で教育が受けられるように配慮されたのもこの年である。

現在の教育行政の仕組みは**図1・2**の通りである。枠組みは現在もそのままだが、スウェーデンでは頻繁に教育改革が行われているので、今後どのような変革があるかは誰も分からない。

一九九五年には、義務教育の従来の「基礎学校学習指導要領」が新たに改善されて施行された。改善された内容は、障害者などの特別学校も、サーメ民族の学校も、これまでの分離された指導要領ではなく同じ「基礎学校学習指導要領」のもとに統率された。ここで重視されたのは、難民や移民で増加した多民族文化、スウェーデンの国際化（EU化）、さらに環境教育などを取り入れた点である。また、成績評価の設定もこれまでの五段階（A・a・AB・B a・C）にわたるものではなく、「優・良・可・不可」の四段階とされた。これにより、すべての学校教育が共通の「基礎学校学習指導要領」のもとに指導されることになったのだ。

例外として付け加えると、基礎学校学習指導要領は同じだが、聾唖《ろうあ》や盲人のための特別学校とサーメ学校などは、全国から生徒

サーメ民族（Samer，lappar）

スカンジナビア北部の高山に住んでいる民族で「ラップ人（Lapp）」ともいわれ、独自の文化と言語をもち、トナカイの飼育などをしながら生活している。目が細く頬骨が平たい顔立ちが東洋系なので、ゲルマン民族とは発祥が違うとされている。スウェーデンにおけるサーメ人の人口は１万人程度と少ないが、同じ系統の民族がフィンランド、ノルウエーにもいる。

図1　学校教育制度

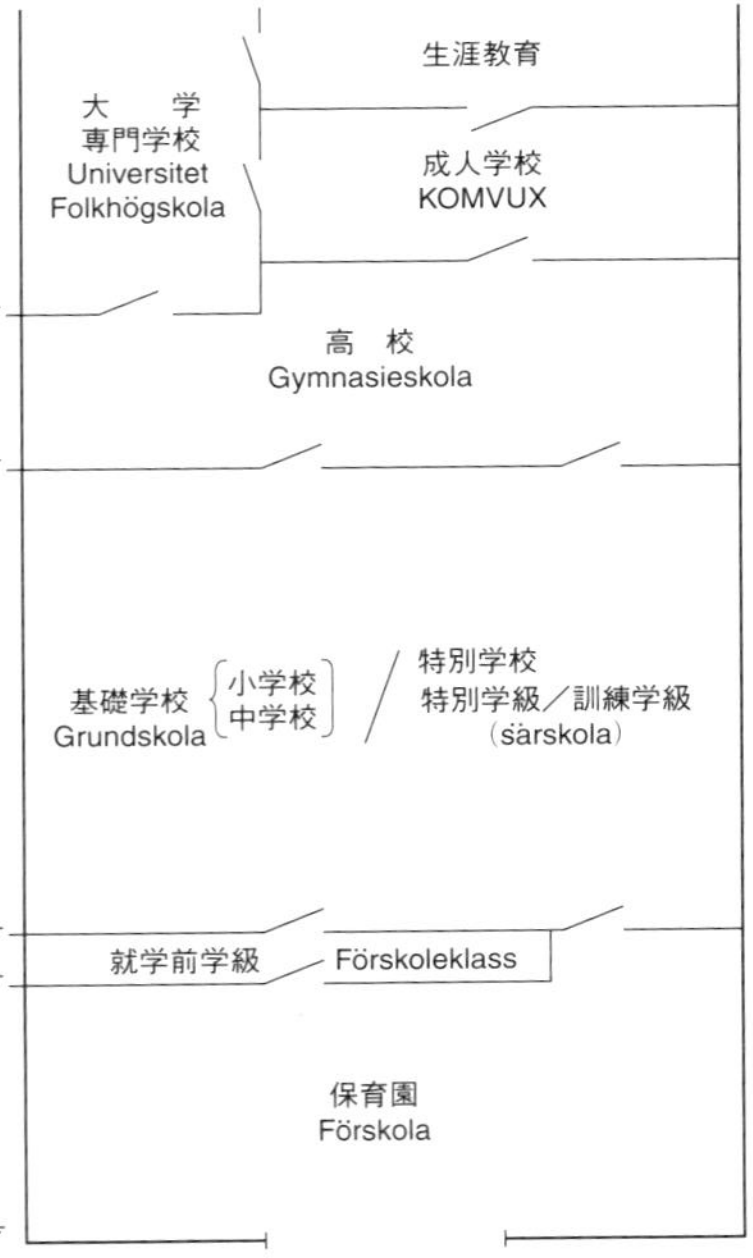

図2　教育行政の構造

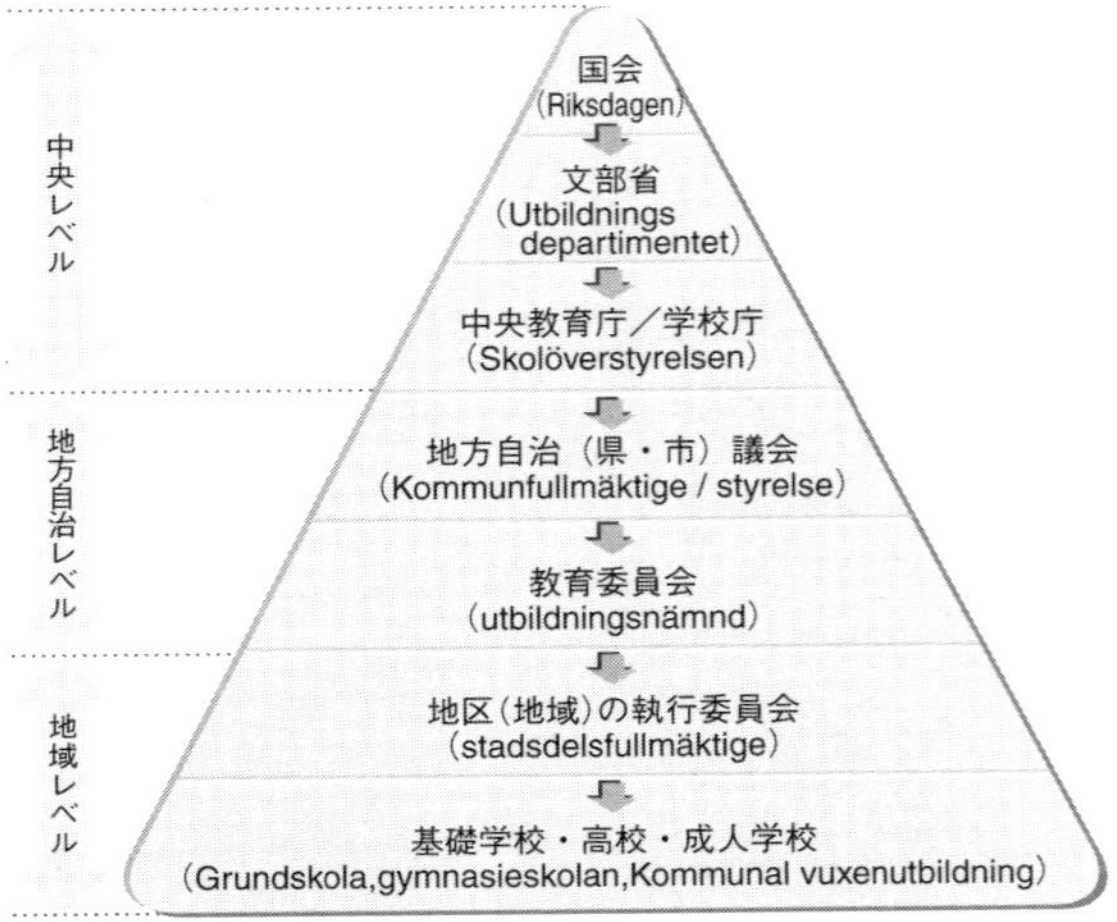

- 文部省の主な仕事は、教育制度の改革、指導要領の作成、予算問題の調達など。
- 中央教育庁は、地方や市の教育委員会の行政処理方法の調整にあたっている。いわゆる教育の調査監督でもある。学校で問題が生じた場合などは、個人が直接に中央教育庁へ訴えることも可能である。
- 地方教育委員会では、文部省の教育要領にもとづいた内容指針を出すとともに学校施設や校長人事の整理などと具体的な業務を執行している。
- 地域の学校では、教育内容は担任の教師に一任し、事務、教師の確保、生徒の入学、卒業、学業の時間割表、余暇教室や保育園との連携、ＰＴＡの介入などを役割としている。

が集まる関係上、地方管轄ではなく国家直属の運営となっている。

以上、簡単に説明したが、このように変革の多い歴史をもつスウェーデンの教育システムだが、二一世紀を向かえたものの学力低下傾向の危惧もあり、新たな改革がさらに要請されている。やはり四段階の成績評価では足らないからと、「最優」を加えて五段階評価にしようという意見も出ている。そうなると、なぜ成績評価の設定を変える必要があったのかということにもなり、以前のまま、五段階の成績表でよかったのではないかとさえ思えてくる。

さらにそれに輪をかけるように、保守的な一部の学校では小学校一年生から成績評価を導入しようと中央教育庁と対立している所もある。子ども間の競争意識をなくすはずの成績表改善が、今後どのように変化していくことになるのだろうか。ほかにも学習スピードがゆっくりの人のために、九年間の義務教育を伸縮可能にして一〇年間にすればよいなどと画期的な提案も出されているし、若者の犯罪増加などの社会問題に対応するために、教科目に倫理学や道徳をもっとふんだんに取り入れるべきだという声も大きくなってきている。

大きく揺れ動く教育制度のなかで、現実の学校教育を進めるのは容易でないことが分かっていただけたと思う。個人能力に合わせた平等でのびのびとした教育をすべての国民に与え、民主主義を基盤にしたスウェーデンの教育界、できることならこのまま突っ走って欲しいと願うのだが……。とにかく、今後の動静が興味深いところだ。

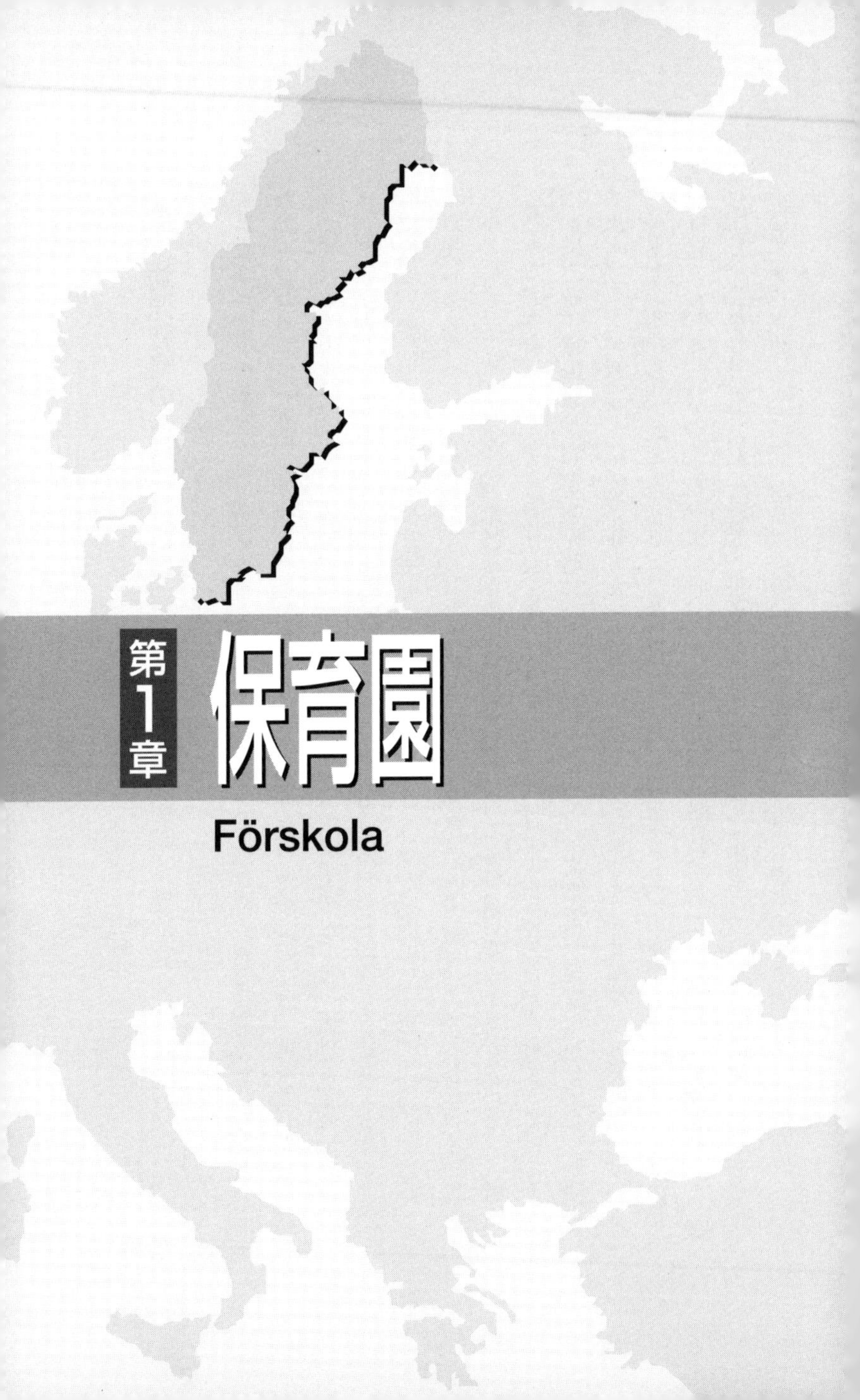

第1章 保育園

Förskola

幼児教育の背景

スウェーデンの教育界は改革に改革を重ねているので、そのときどきで教育方法にもいろいろな傾向が現れる。一九四〇年代から五〇年代の教育は集団教育が中心で、画一的な教育がなされていた。かなり抑圧的で、左ききの子どもが左で文字を書こうものならば、教師が定規でピシャリッと左の指を叩いて右ききに矯正させたり、少しでも声を出した者は授業を妨害するとして直ちに教室の外に追い出されて校長室へ直行させられた。

今では考えられない、封建的かつスパルタ式授業風景であったという。しかし、それも一九六〇年代に入って、それまでの軍隊的かつ閉鎖的な教育に対しての大いなる不満が表出し、大幅な改革がなされた。保守的な教育社会をすべて覆すだけのパワーを、みんなが待ち望んでいたようにも思える。時代の文化革命を促進したビートルズやヒッピーなどのフラワーパワーの全盛期に、スウェーデンの教育界に大変革がもたらされ、すべてのタブーを一挙に解禁したのだった。

一九七〇年に移住してきた私も、これには驚いた。小学生がタバコを吸い、路上での男女の抱擁は見てくれといわんばかり、日本の、かなり保守的な教育社会のなかで育った私は戸惑うことしばし。しかし、驚きから冷めるとどうも放任主義の教育は間違っているのではないかとも考え、常にスウェーデン人とぶつかり、この国の教育のあり方には賛成しかねていた。

当時の幼児教育は、何をしても罰を与えてはいけない、子どもは好奇心を先天的にもっている、また、その芽を摘んではいけないという心理学者の後押しもあって自由放任主義の教育（もっとも、私はこれを「見て見ぬ振り教育」と呼んでいた）が浸透していた。一例を挙げると、乳幼児が食事をするときにスプーンの使い方を教えないで、彼らがお皿のなかにあるお粥を手で触り、それを口に持ってゆき、あるいはお粥を床に投げたり天井に投げ上げても、それは彼が手で触る感触を楽しみかつ食べ物を肌で感じているのであるから（つまり、豊かな感性を育てているのだから）好きなようにさせるべきだとして、手で食べるということを咎めなかった。それが理由で、子どもはいつまでも手でお粥を食べ続けることとなった。

当時の心理学者たちは、情操教育の名のもとにこぞって行儀の悪さを咎めないで肯定して育成するようにと発表し、教育者たちは従順すぎるほど素直にそれに従った。年長の幼児たちも、たとえばハンマーでピアノをぶち壊してピアノの中身がどうなっているのか調べてみたい、あるいはハンマーで殴ったときにどんな音

フラワーパワー（flower power）

1960年の後半にアメリカで暴力やコマーシャルに反対した若者の運動が発祥で、「暴力よりも愛と花を」と提唱し、野外ロックコンサートなどに集まった。男女共に長髪が喜ばれ、「ヒッピー」と呼ばれて野宿をしたり集団で生活した。社会のノルマを嫌い、グループセックスなど従来の形式を打破して性解放に励み、オリエンタルな思想や服装、習慣を好んだ。

が出るかなどの好奇心が理由でしたことでさえあれば許されていた時代である。

　また、外の散歩へ行くにも二列になって歩くのではなく、ゾロゾロと群れて歩いていた。一九七〇年代当初の保育園で、私が交通量の多い道路では危険だから、散歩のときには二列に並んで歩くようにと指示をしたとき、ほかの職員から軍隊みたいでおかしいと注意された。

　とにかく、常識とか形式というものを完全に打破した教育が当時はなされていたのだ。読む本も、民話やグリム童話、イソップ物語、アンデルセンなどのように道徳を示唆するような話はご法度で、保育園や学校の図書館からそれらの本は姿を消した。その代わりに、「おじいさんが死んだとき」とか「お父さんの料理」など、男女平等を基本にした現実的な本がもてはやされた。つまり、現実的で具体的、社会生活のすべてを子どもたちに伝える教育だったのだ。

　追記しておくと、当時は裸ということに興味をもつ子どもに対しても何も隠さずにすべてを教えるべきだとして、性行為などの秘め事も一気に公開したのである。テレビドラマなどで人間の裸体が映しだされる場面などもありのまま見せるし、子ども番組で分娩の様子をそっくりそのまま見せるのもこのころから始まっている。

　一九八〇年代に入って当時の幼児が成長して一〇代の若者になり、公共物質などに対する破損行為が目立ち始めたとき、教育界がまた大きくブレーキをかけた。要するに、社会の秩序が乱れたと驚いた教育委員会は、またも教育指針を改善したのだ。自動販売機で売られていたポルノ雑誌もポルノクラブ（劇場）も、街なかから一斉に整理されて姿が消えたのだ。つまり、私がスウエーデンに来てからずーっと疑問に思っていたことにようやく教育委員会も気がついたのだ。そして、放任主義をやめ秩序を守る教育が再び取り入れられたのだった。しかし、昔のような軍隊的なものではなく、ある程度の枠と規制を設け、対話を主とした家族的な教育が推進された。

昨今の学力低下、行儀の悪さ、若者の徒党化（ギャング形成）、犯罪化と、叩けばいくらでもホコリの出そうなスウェーデンの教育界。しかし、間違っていると分かれば新しい考え方をすぐにでも取り入れて、実験を繰り返しながらよい方向へ進もうとする。ここが、この国のもっともよいところである。人間の基本的人権、パーソナリティを腐食する封建的教育は過去に流し、現在では、教科目に道徳や倫理学を取り入れ、世間的常識を再認識するよい方向へとスウェーデン全体が転換している。保育園も基礎学校への初段階として、家庭の代理となる温かさ、自由奔放な環境、親密さ、安心感などをすべて兼ね備えた幼児教育を目標に現在は進んでいる。

保育園の概要

ほとんどの保育園は公共の保育園でコミューンの経営であるが、親たちが協力して経営している民間依託の保育園や、創造性を中心としているシュタイナー教育の保育園、子どもの成長期に合わせた教育が中心のモンテソーリ教育の保育園、そして、移民の子どもを主に受け入れている異文化の私立保育園などもある（ちなみに、保育園を表す「Förskola」とは「就学前の学校」という意味だが、日本で一般的にいうところの保育園の役割を果しているので、本書においては以降「保育園」と記述する)。

子どもが五人以上集まって保育園施設として許可されれば、一応コミューンから補助金が出ることになっている。民間の保育園も、公共の保育園とほとんどその運営方針は変らない。違う点は、親の意見が十分反映される代わりに、緊急の場合は親が交代で保育や園内の掃除という役目を担うところだろう。また、教師が病気で登園できないときや人手のいる遠足などの行事のときには、それぞれの親が交代で仕事を休んで保育園の仕事を手伝わなければならない。施設の補修などといった維持管理にしても、定期的に親が週末に集まって共同で行っている。給食にいたっては、親たちが交代で料理をする所もあるくらいだ。

民間の保育園では、コミューンからの補助金だけでは足らないために公共の保育園よりも少し高い保育料となっている。現在(二〇〇一年)の金額はといえば、民間の保育園でおよそ一人当たり二〇〇〇~二五〇〇クローネ、公共の保育園は、年収によって違いがあるが五〇〇~二〇〇〇クローネとかなり親の負担が小さくなってくる(一クローネ=約一二円)。しかし、二〇〇二年一月から保育料の上限制度が設けられ、ここマルメでは、第一子が一ヶ月一一四〇クローネ、第二子が七六〇クローネ、第三子が三八〇クローネ、第四子は無料となっている。

あまり費用のかからない公共の保育園を望む人が住民の大半ではあるが、親たちの要望などがすぐに取り入れられる、独自の教育方法を主体にする民間の保育園も昨今では人気がある。

保育園のほかに「デイママ」といって、普通の家庭のママさんが保母の代理をするシステムもある。自宅に五人ほどの子どもを預かって保育園と同じことをするというもので、得られる給料は一般の保母と同じくらいである。保育園は子どもの人数も多く、家庭的な保育を望む親は自宅に近いデイママを選ぶ人もいる。マルメなどは、一九八〇年代後半のベビーブームで保育園が足らず、一時的にだが、このデイママの数が急上昇したことがあった。しかし、現在はベビーブームも去り、公共の保育園で十分足りているのでデイママは減少し失業状態になっている。

一般の保育園（公共、民間とも）では、産休や育児休暇の終わった親の一歳から六歳の子どもを預かっている。六歳児になると、小学校に付属している「就学前クラス」（四三ページより詳述）に移る。

保育園は、大きい所で八クラス、小さい所では一〜二クラスとなっているが、通常は四クラス編成の

産休や育児休暇

産休や育児休暇は、出産時に父親も臨時にとることのできる10日間の休暇と、子どもが15ヶ月（450日）になるまでのフルタイムでとれる制度がある。15ヶ月の育児休暇のうち１ヶ月間は父親がとるように設定されており、もしとらなければその１ヶ月は消滅する。このほかに、子どもが病気のときに補償される一時介護手当て（28ページ参照）や、子どもが４歳から12歳までのとき、学校の授業参観などに利用できる年に２日間の休暇補償制度もある。この場合の所得保障は、地域にある保険事務所（försäkringskassa）から給料の代わりに支払ってくれるもので、国家行政の両親保健（fooräldrar-försäkring）制度の一環である。年収に応じて、疾病手当てと同じく現在の給料の80％を補償してくれる。

所が多い。保育園では、いわゆる幼児教育の資格をもつ教師（教育大学三年課程修了）と園児のケアをする二人の保母（高校の幼児教育課程あるいは専門コース終了）が一組になって一つのクラス（一二〜一八名）を受け持っている。ほとんどの保育園が朝六時一五分から午後一八時まで開園しているが、なかには朝七時から一七時という所もある。病院などに付設されている保育園などでは、夜勤する職員のために夜間保育をする所も例外だがある。また、三人の職員が一つのクラスを受け持つ場合は、昼間の活動時には三人が同時にいるようにするため、園児の少ない朝夕は一人で受け持つという時差出勤を取り入れている。

もう一つの特徴として、一歳から六歳までの年齢混合制の所が多く、週に数回、年少児がお昼寝している間に、四歳や五歳児、あるいは就学前クラスに行かないで保育園に残りたい六歳児の年長児が、小学校へ上がる準備やテーマ学習などを保育園内で行っている。

スタッフとしては、教師や保母のほかに掃除婦、および専門の栄養士か調理師がいる。食事は、給食センターから半加工品の食品が冷凍で届き、それに手を加えて主食のポテトをゆでればできあがるなどの簡単なものがほとんどで、なかには調理師の腕の見せどころでもあるデザートやパンを実際に保育園でつくる人もいる。そういう所では、焼きたてのパンの香りが保育園中に漂い、家庭的な雰囲気をかもしだしている。

施設の面積は広く、各クラスごとに玄関兼用の更衣室、食堂兼ゲームをする部屋、お昼寝のときにマットレスを敷いて寝る寝室兼自由遊び室、本を読んだりして静かにする部屋、そしてトイ

図3　これは面積的に小規模なある保育園

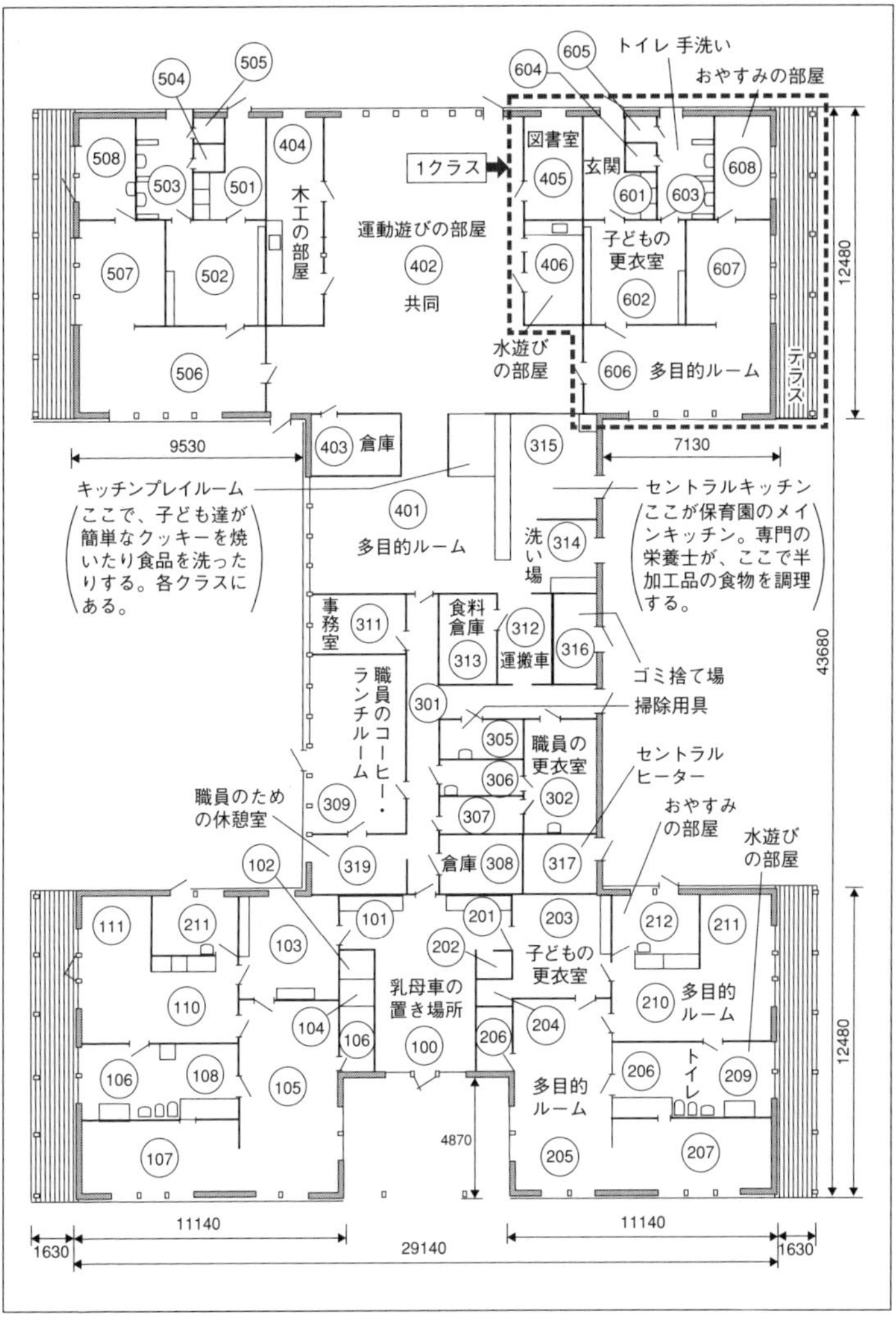

レなどが設置されている。また、水遊びのできる部屋や、少し広めの遊具が備えられている部屋などもあり、これらはすべてのクラスの共有となっている(図3参照)。

施設全体を見ると、空間が広く、スウェーデン独特の素朴なインテリアがどこの保育園にも施されている。これは保育園にかぎらず学校やデイケアセンター、老人施設などにもいえ、広すぎるほどゆとりのある建物ばかりで私のような日本人が見ると本当に圧倒される。国土の広さと人口の少なさを考えると嫉んでも仕方なく、おおよそ日本と比較するべきことではないだろう。

保育園の一日

園児が、どのような日課のもとに一日を過しているのか紹介しよう。

朝早い六時すぎにやって来る園児はさすがに少なく、当番の職員は開園一番にいれるコーヒーを飲みながら、出勤の早い親にあわせて、ほとんど自宅のベッドから引きずり出されたような眠そうな子どもの登園を待つ。優しい職員になると、その子どもたちのためにホットココアをつくったり小さなパンを用意したりしている。登園したものの、職員の休憩室のソファでもうひと眠りする子どももいる。七時すぎになると三々五々集まってきた子どもたちで賑やかになり、八時になると各クラスに分かれて朝食をとる。保育園の朝食は、オートミールかオープンサンドといったもので質素である。

朝食後、自由遊びをしているころには残りの子どもが次から次へと登園してくる。

九時ごろに、一人の先生の周りに子どもたちが座る「朝の集まり」（サムリング／samling）がある。ここで点呼、歌、お話や一日の予定を聞いたりする。このサムリングの間、職員は順番で一五分のコーヒーブレイクをとる。コーヒーブレイクは、「聖なるコーヒーブレイク」といえるほど、スウェーデン国民がどの職場においてもとっている必要不可欠な習慣で、コーヒーと冬でも食べるアイスクリームの一人当たりの摂取量は世界一ではないかと思うほどである。

一〇時ごろになると、天気がよければ地域にある公園まで散歩に出掛けて自由遊びをするか、工作やお絵かきなどした後に保育園の園庭で遊ぶことになる。園庭には、トラックのタイヤでできているブランコや砂場、すべり台、そして木で造られたアスレチックがある。

一一時ごろから昼食の準備にかかり、クラスに三つか四つあるテーブルを各自囲み、カラフルなランチマットを敷き、冬場はテーブルの上にローソクの火を灯して食事をする。ローソクの炎は温かい雰囲気を出すというのでスウェーデン人には喜ばれ、シンプルな飾りとともに間接照明として日常的によく使われる、暗い冬場の必須アイテムである。

食事は、主食のポテトにブラウンソースのかかったミートボール、野菜サラダなど、一般的なメニューとなっている。ミートソースのスパゲティ、ハンバーグなどは、スウェーデンでも子どもに人気がある。面白いことに、曜日によって大体の献立が決まっている。火曜日は魚の日、木曜日はスープの日、それから金曜日はチキンの日、ライスは週一回（主食がポテトのため）など

保育園の一日、朝の集まり（サムリング）

統合保育園での自由遊び

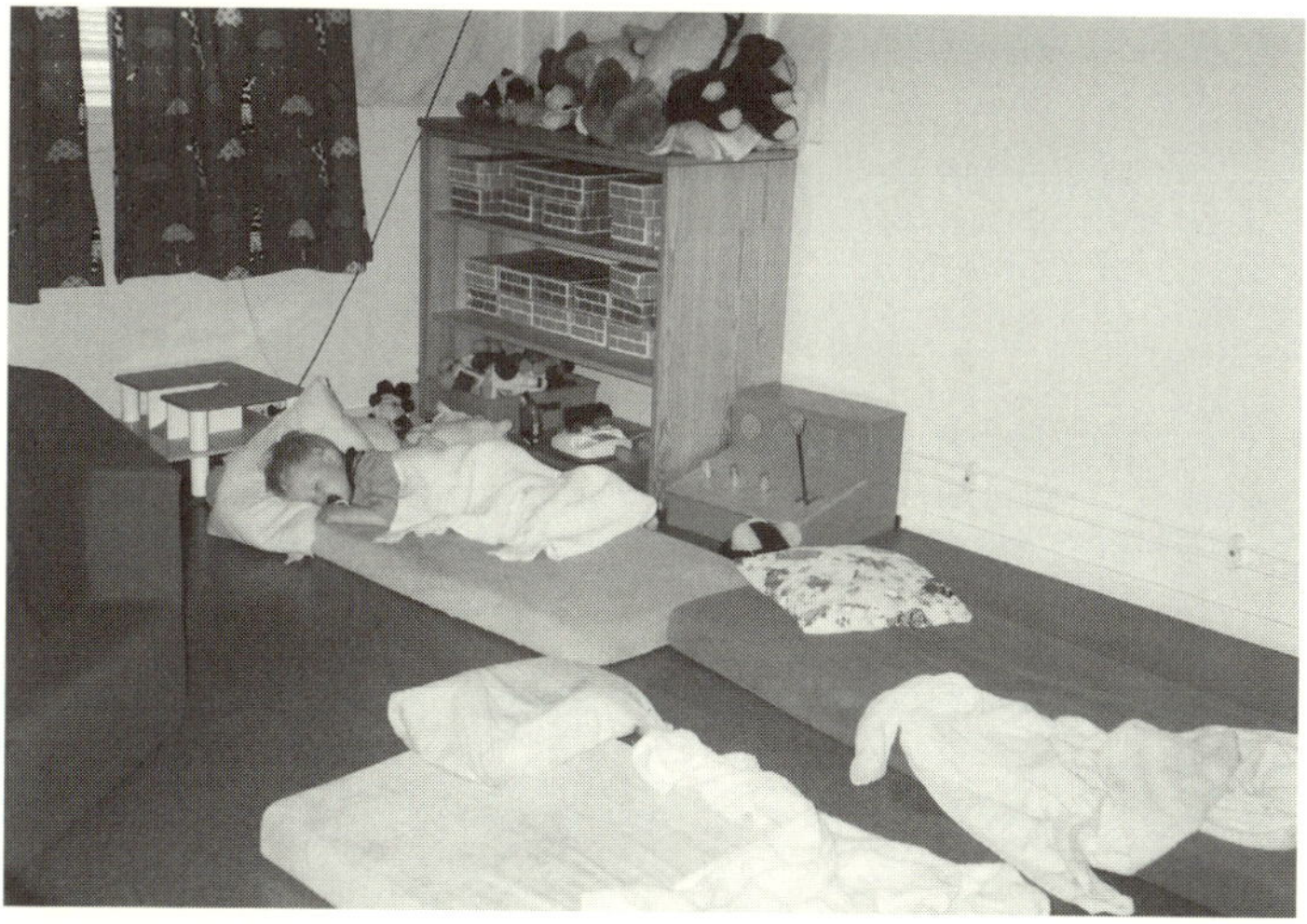

保育園の一日、お昼寝

となっていて、これは街のレストランの日替わり定食も同じようなメニューになっていて驚くことがある。かつては、新鮮な魚は火曜日にしか届かなかったということでこのようになったらしいが、新鮮な魚がいつでも手に入るようになった現在ではこの習慣も変わりつつある。

食事の後は、同じテーブルの人が食べ終わるまで待って順番に手洗いや歯みがきに行く。オムツを必要としている子どもはオムツ持参で来ている。以前は、このオムツも保育園で提供されていて無料であった。

寝室では一〇センチの分厚いマットレスを床に敷いて、お話のテープをかけて、昼寝をする子どもはそのまま眠り、寝られない子どもはテープが終了するまでゴロンとしている。寝なくてもよい年長児は、前述したように「就学前クラス」へ行くか、それがない日には手芸やパズルをしたり、絵本を見たりと静かに自由遊びをして、昼寝をしている年少児が起きるまでおとなしく待っている。この間、職員は三〇分間の昼休みを順番にとることになる。

二時半のおやつの時間には、パイやサンドイッチ、フルーツなどの簡単な食事をとっている。この後は、次々と子どもたちは親に引き取られていき、子どもがいなくなる六時になって最後の職員は帰途に就くのだ。こうして、保育園の一日は終わる。

子どもが保育園にいる時間は長い。かつては、一日一〇時間から一二時間というのも普通であった。家に帰ると子どもは疲れきって、親との交流がほとんどないまま幼児期を過ぎてしまっていた。これではいけないと、政府は六歳以下の子どもをもつ親には短縮勤務といって、同じポストのままで勤務時間を七五パーセントに切り下げる権利を保障した。これは、情操教育の基本となる親子で過ごす時間を少しでも長くとるためのものである。だから、両親のいずれかは、正社員のままリストラされないでそのままパートタイムで勤務している。雇用する側は、削られた二五パーセントの労働を補充するためにほかの人を雇わなければならなくなる。

この制度のおかげで、子どもが保育園にいる時間は以前に比べて短くなった。それに、親の勤務にあわせて週に一日は保育園を休む子どもも出てくるようになった。皆勤賞などというものはなく、風邪をひくとすぐに子どもは休み、両親には欠勤手当として地域の社会保険事務所から児童看護手当てが支給される。この児童看護手当ては、子どもが一二歳になるまでは年間六〇日間分もらえる。だから、熱があれば子どもは保育園や学校をすぐに休むことになる。また、子どもが咳や鼻水を垂らしていれば、保育園や学校からすぐに引き取りにくるようにと連絡が入る。

児童看護手当てをもらえても、会社の事情により仕事の手が離せない場合もあり、どちらの親が看病のために家に残るかという論争もあり、親にとっても苦しい立場に追い込まれることも見逃せない事実だ。しかし、子どものために親の短縮勤務が保障されたり、児童看護手当てが支給されたりと、常に子どもを中心として社会のシステムが構成されていることはありがたいことだ。

カリキュラム（保育の予定表）の制作

保育園は、一九九八年より初めて「基礎学校学習指導要領」と同格となる「基礎保育指導要領」のもとで運営されるようになった。それまでは厚生省による保育指針がそのベースとなっていたが、これにより学校教育の一貫として認められることになった。そのなかで、保育の基礎となる要素が幾つか挙げられている。それは、デモクラシー（民主主義）、連帯感と平等の理念である。

社会保険事務所（försäkringskassa）

国民の社会保険を国家行政の管轄のもとで執行する地域の事務所。ここでは、すべての補助金問題が取り扱われているが、一部が社会保険委員会で評価決定される以外、担当の職員にすべて委任されている。補助金の対象となっているのは、大きく分けて、家族、児童、障害者、移民、老齢年金、生活保障と、失業者に対する再教育の費用である。

また、人間の価値観として、個人の大切さ、自由と誠実さということも記述されてある。保育園ではこれらの要素を、遊びを通して子どもたちに教えていくのである。

実際に指導するにあたって、保育園では、毎月開かれる職員会議でコミューンの方針を検討したり、特別にカリキュラム制作の日をつくったりしている。私が住んでいる所の保育園では、保護者とともに「基礎保育指導要領」を熟読し、そのなかから重要であると思う指導案を簡潔にまとめていたのでここに紹介する。

❶子どもの人格を認める。
❷子どもの創造性を発展させる。
❸対話を主体にする。
❹友達の輪が広がるようにする。
❺大人しくて存在感の薄い子どもへの配慮をする。
❻環境汚染のない自然環境をつくる。
❼子どもの民族的背景による不公平をなくし、何事も平等にする。
❽両親とともに目標を定め、参加や運営を要請する。

その日に行うカリキュラムの決定は、教師たちが子どもの成長を把握して、また子どもが抱いた興味を対象に選ぶようにしている。たとえば、ある日、受け持ちの子どもが恐竜のオモチャを保育園に持ってきて遊んでいた。すると、ほかの子どもも自宅から恐竜を持ってきて遊び出した。そんなときには、カリキュラムの課題（テーマ）を恐竜の生存していた時代にするのだ。準備は、保育園の本棚から始まる。そして、市立の図書館へ行って恐竜に関する本をたくさん借り、オモチャを恐竜や動物系に揃えてまずテーマにふさわしい環境づくりに専念する。

またこれは、五感すべてを導入して活動できるように工夫されている。工作は、牛乳パックでみんなで大きな恐竜をつくったり、粘土遊びももちろん恐竜がテーマになる。会話を中心にしたロールプレイで、コミュニケーション力を養うために恐竜ごっこをしてもよい。社会科見学をする場合も、マルメの中心地にある博物館へ行くことになる。手を替え品を替えての「恐竜づくし」である。だからといって、小学校、中学校で習うほどの難しさはなく、幼い子どもなりに分かるように配慮されているのだ。そして、この恐竜というテーマがどのように現在の実生活につながっていくのかなどを教師たちは考え、導いていくことになる。

テーマを環境汚染にした場合は、保育園のゴミ処理や分別を子どもたちと一緒にする。保護者会のときに、このテーマがどれほど浸透したかを確認するために子どもの反応を尋ねていた。それに対して、親がゴミを捨てるときに、空ビンを生ゴミと一緒に捨てようとしたら子どもから注意されたとか、リサイクル用の空き缶をお店へ持っていく役目を引き受けてくれた、と保護者たちは答えていた。どうやら、ゴミ処理への関心は少なからず出ていたようだ。テーマの設定期間に身に着かなくとも、繰り返し行っていくなかで楽しく覚えていくことができればそれで十分だ。

自然教育

自然が豊富で、緑の豊かな公園が私の住んでいるマルメには自慢できるほどある。このような環境も手伝って、保育園では「自然」をよくカリキュラムのテーマに取り上げる。春になると遠足で郊外の森へ行き、夏には都心から一〇分ほどで行けるビーチへお弁当持参で泳ぎに行く。秋には、公園の西洋クリを拾って動物や虫をつくったり、連ねて首飾りもつくったりする。冬は、近くの池が凍結するのでアイススケートに興じる。

素晴らしい自然環境のなかで、スウェーデンの子どもたちは存分に遊べるのだ。往々にして美しい自然を鑑賞用にする日本に比べて、こちらは泥んこになったり、木登りをしたりして自然のなかへ入り込んでいく。

「ムッレ」という、大自然を学ぶ幼児のサークルがスウェーデン全土にある。「ムッレ」とは、林や森に住む妖精で、黒い髪と大きな鼻と金のイヤリングを垂れ下がる大きな耳につけた醜い妖精である。シッポの先にはふさふさの毛があり、体臭が強くてみんなから嫌われ「トロール」と呼ばれている。しかし、妖精のなかでも陰湿な風貌のトロールは、北欧の児童文学作家のトーベ・ヤンソン女史の童話「ムーミントロール」のおかげでその汚名を返上した。ご存知の通り、

森の王様ムース

トロール　筆者画

トーベ・ヤンソン（Tove Jansson・1914～2001）

トーベは、彫刻家の父親ビクトル（Viktor、フィンランド人）とイラストレーターの母親シグネ（Signe、スウェーデン人）との間に生まれ、ヘルシンキで多感な幼少時代を過ごす。３人の子どもすべてがのちに芸術家になったそうだが、トーベもフィンランドやスウェーデンの芸術学校に通い、初めは新聞などの風刺画を描いていた。幼少のころに面白がって描いていたカバの絵を「トロール」にして物語を書いたのは、悲惨な戦争からの逃避か、彼女なりの焦燥感がこの世界になったともいわれている。

終戦の1945年に「ムーミントロール」は出版され、世界的に有名になった。様々なキャラクターをもつ登場人物やシュールな世界に共鳴する読者は多く、子どもだけでなく大人からも愛されている。「基本的には、私は画家なんだ！」と、彼女はよく友人たちにもらしていた。亡くなる前は、フィンランドとスウェーデンの間にたくさんある一つの無人島に住居を構えて余生を送っていた。日本では、『ひとりぼっちのムーミン』（筑摩書房）、『たのしいムーミン一家』（講談社）など、80点を超える翻訳書が出版されている。

可愛いトロールにイメージチェンジをしたのだ。

ムッレのサークルでは、黒い縮れ髪のかつらにシッポのついた継ぎ接ぎだらけの服を着た大人が、子どもたちに森のなかでのサバイバル方法を教えている。年に数回、日曜日に行われるこのムッレは、誰でも自由に参加することができ、自然というものを身体で覚えていくことができる。子ども一人だけで参加しても親子で参加してもよく、いわゆるアウトドアには欠かせない自然体験クラブである。スウェーデンの国民の誰しもが権利としてもっている「自然享有権」を謳歌するための礼節を、幼児期からムッレで学んでいくのである。

余談だが、私も夏の終わりごろには森へキノコ狩りによく行く。キノコを見つけるのはかなり難しいが、一度見つけると芋づる式に次から次へと見つかる。でも、きれいな色をした毒キノコも多く、毎年、食中毒になる人も結構いる。キノコ専門家と行けばいろいろなことが学べるし、非常に面白いので、博物館などが主催するキノコ狩りツアー

自然享有権（allemansrätt）

スウェーデンに居住する人々に与えられた権限で、自然を自由に謳歌してよいというもの。これは、個人が所有する土地や森にかかわらず全ての所を散策してよいし、野イチゴやキノコを自宅で必要な分だけ採取してもよいし、一晩ならばテントを張って焚き火をしてもよいという自然を謳歌する権利。自由にする代わりに、自然を大切にする次のような義務も課せられる。農地や森林には損害を与えない、家畜の柵などは通過後には必ず閉める、延焼の危険がある場所では焚き火はしない、などである。

には機会があれば参加している。

「ドングリの食べ方や松ボックリの食べカスを見ると、森に棲むどんな動物がこれを食べたかすぐに分かります！」

と、ムッレは言いながら、松ボックリの細長い食べカスはリス、つついた跡のあるふっくらとした松ボックリはキツツキなどと、子どもたちに見せていく。そのほか、森のなかでの不思議な出来事や、一メートルもあるようなアリの巣、リスやキツツキの生態などを教えている。また、迷い子になったら木の幹を見て、コケの生えているほうは北だから方角が分かるなど、さまざまなサバイバル生活のノウハウを教えてくれる。

私のように街で生まれ育だった者にとっては、一つ一つの話がずっしり重くて楽しい。アルプスまで行かなくても、身近にある大自然のなかで呼吸ができる。林立の合間からのっそりと出てくるウマよりも大きなムース、野生のシカの群れを息をのんで眺める瞬間は何ともいえない。飛び交う小鳥や遠くで聞こえるフクロウの声、そして見渡すと珍しい草花がひっそりと咲いている。何もかもが透き通っているようで眩しい。ふと、この緑の多い環境が永遠にあるようにと願う。

「ウシなどが放牧されている牧場を横切る場合には、通りすぎたらきちんと囲いの扉を閉めていかなければなりませーん！」と、ムッレはおどけながらもはっきりと言う。

ときどき、ウシやウマが放牧の柵から逃げ出して高速道路を闊歩しているニュースが流れるが、たぶん無責任なハイカーが柵を閉め忘れたのだろう。事故防止のためにも、守らなければならな

枝を集めて風雨のしのげる小屋を造る

しっぽの着いたムッレと子どもたち

い礼節である。

トイレは、大自然のなかに小さな穴を掘り、そこで用を足す。森のなかや湖畔での料理や焚き火の仕方、そしてその後始末などを大自然のなかで過ごしながら、女の子も男の子もたくさんの自然の知恵を学んでゆくのである。

水遊び

水遊びは、保育園では一年中重宝されている遊びの一つである。保育園の一室は、浴室のように水遊びができるように耐水性の壁や床で補強されている。

ハビリテーリングセンターの付属保育園に、三歳の女の子が新しく入園してきた。中近東からの移民の子どもである。保母のエバは、保育園の一角にある室内用水遊びの部屋へ四、五人の子どもたちを連れていって服を脱がせていた。二メートル四方の小さい浅い室内プールがあり、零下となる冬場でもセントラルヒーターの利く室内は暖かく、水遊びが十分に楽しめるようになっている。三歳の子も四歳の子も、慣れた手つきで服をアッという間に脱ぎ捨ててゆく。シャツにズボンにパンツと、水遊びが好きで好きでたまらないらしくポイポイとその場に放り出し、裸になると床の上の衣服を掻き集めてエバの指示通りに置き直してプールへ入っていく。残るは、この移民の子どもだけ。最初は初めての水遊びに少し気後れしていたが、やがて服に手をかけて脱いでいった。パンツだけになったのを見つけると、エバは自然に手を出してそれも脱がせようとした。しかし、その子は頭を振って「嫌だ」と言った。「じゃあ、そのままでいいよ！」と、優しいエバはその子をパンツのままプールに入れてあげた。

その場に居合わせた私は、ふと、中近東の女性は頭の髪の毛さえ見せてはいけないほどの敬《けい》虔《けん》なイスラム教徒がいるのを思い出し、この三歳という幼い子どもにもすでに裸に対しての理念が植えつけられているのかと感心して、その様子を見ていた。

「なんで、レアちゃんはパンツはいてるの？」

と、目ざとく見つけたほかの子どもが早速エバに尋ねている。

「パンツを脱ぎたくないんだって！」と、正直にエバも答える。

園庭での水遊び

みんなはそれで納得したのか、男の子も女の子も裸で浅いプールに寝そべったり、エバから与えられた水車やバケツやジョウロなどのオモチャで水遊びを始めた。しばらくすると、何とレアちゃんがパンツを脱ぎ始めたではないか……。私の、中近東は……宗教は……という想いはあっさりと裏切られた。郷に入れば郷に従え、なのであろう。

水遊びは、ほかのカリキュラムとよくセットにされる。たとえば、フィンガーペイント、粘土遊び、シャボン玉、石膏工作など汚れが目立つ遊びをするときには、最後の時間に水遊びをすることで汚れも取れるので、私が保育園の教師だったときもよく取り入れていた。北欧という地理的環境からして意外な感じがするかもしれないが、実際、一年を通して行われている。

障害児保育

障害をもった保育園の子どもたちはどうしているのだろう。軽度、重度、重複、いずれの障害にもかかわらず、この国では当然のごとく、ほかの子どもたちと同じように保育園に通園してくる。両親が送り迎えをするのだが、自動車もなく公共のバスも不便で歩くにも遠すぎる場合は、コミューンが契約しているタクシー会社に送迎を頼むことができる。そして保育園では、障害児を担当する専属のアシスタントを雇用したり園内を改造したりして、障害児のためにさまざまな受け入れ態勢を整えるという優遇処置をとることになる。

一例を述べると、障害児のハビリテーリング（リハビリ）専用の医療チームとの連携、訓練の日常化、車椅子からでも遊べる砂場やブランコなどの設置、カリキュラムの配慮、補助器具の設置などがある。

毎日タクシーに乗って通園してくる障害児家族を横目に見たある母親は、その優遇処置を皮肉ってこう言った。

「健康な母子家庭が一番貧しいって本当だね。雨の日も、風の日も、ママチャリで通園するのだから結構厳しいわよ！」

障害者への恩恵が、少々羨ましそうな本音だった。「それならば、代わってあげる」と、障害児をもつ家族は言いたいだろう。誰でも、健康な子どもが欲しいのは当たり前である。嫉むほうがおかしいのだが、あらゆる優遇処置を見ていると、ついこんな風に思ってしまう人がいても仕方がないのかもしれない。まだしもスウェーデン人の障害児家族の場合はよいが、それが他国から移住してきた障害児家族の場合は、もろにその嫉みを浴びせられることになる。一歩間違えれば、人種差別問題にもなりかねない。とはいえ、大半のスウェーデン人は不思議なほど寛容で、社会福祉システムは居住している人の肌の色に関係なく公平にすべてを分割されるべきだと思っている。立派としかいえないこの考え方は、いったいどこで養われるのだろう。

私が保育園で働いていたころ、受け持っていたクラスにいた障害児の症状は多種多様であった。脳性麻痺の子ども、聾唖、弱視、ＬＤ（学習障害、一〇四ページのコラム参照）などの子どもが

障害児と共に遊べる砂場

天気の良い日には外でおやつ

いた。四肢麻痺で、遊び時間に動けないまま教室の床の上に寝転がっていた脳性麻痺の子どもに対しても、クラスの子どもたちは隣りにゴロンと寝そべって自動車遊びをしたり、何かと声をかけていた。

専門のアシスタントが普段の食事や衛生面のケアはしていたが、休憩時間やアシスタントの休みの日には、私たち教師がすべての面倒を見ていた。身体が硬直しないようにするために、その子のための補助椅子や何種類かの補助器具を使用して、遊びのなかに訓練を取り入れたりした。食事用の椅子、朝の集まりをするときに床の上に座る座椅子、立位用のティルトテーブル、そして動けない手足を固定して乗れる三輪車、こんな風にいろいろな活動に参加できるように補助器具がハビリテーリングセンターから配布された。もちろん、本人にも、保育園の活動のすべてに無理だとは言わないでできるところまで参加させた。

週に一度はアシスタントや職員が交代でタクシーに乗って大学病院にあるハビリテーリングセンターへ行き、そこのプールなどで理学療法士から訓練を受けたり、作業療法士から手の機能訓練を受けたりしていたが、普段は何らほかの子どもたちと変わらない生活を送っていた。

聾唖の子どもも受け持った。聾唖の場合は、周りの人が手話を話すことができれば、ハンディをハンディと感じなくてすむ。ハビリテーリングセンターから言語療法士が保育園に来て、クラスの子どもたち全員に手話を教えてくれた。また、教師たちは、週に一回夕方に開催された手話講座に一〇回ほど参加して、歌や簡単な日常会話を習った。投げキッスの動作は「グッド」の意味、両手を前にストップにして「ちょっと待ってて」という意味。片手を口に持っていって食事、肩にペケ印でトイレなど、日常よく使う言葉をこの講座で習う。身振り手振りで歌を覚えるのは、遊び感覚なのか子どもたちは喜んですぐに覚えた。このように、聾唖の子どもが孤立しないようにいろいろな配慮がなされているのだ。

手話は、聾唖の子どもだけではなくダウン症の子どもや発達障害のある子どもたちにもよく使われた。口唇の筋肉の不成長や異常、あるいは言語の機能障害が理由で発語がない場合、周りとのコミュニケーションをとるためにまず手話から入っていくと言語発達が促進できるといわれている。実際、「アウアウ」としか言わない子どもが、手話や絵で描かれたシンボルマークを利用して何らかの意味を表現している光景を見ると嬉しくなってくる。

就学前クラス（Förskoleklass）

六歳になると、「就学前クラス」あるいは「ゼロ学年」と言われるクラスに入る。これは、全国的に年齢混合の保育園が多く、同年齢同士の横割り教育が十分されていなかったというのが理由でつくられた。さらに、自由選択にもかかわらず、六歳児の九一パーセントもの子どもが就学前クラス（ゼロ学年）を希望し、保育園だけで収まらず、政府も就学前教育を重視するに至ったこともその理由となっている。

就学前クラスの風景

以前から、小学校への入学年齢を現在の七歳から六歳に引き下げようと教育審議会で議論されていたが、一九九八年から就学前クラスを導入することによって、義務ではないがそれに近い自由参加として徐々に義務化をたどる姿勢を見せている。政府は、コミューンに受け入れ態勢の整備化を義務づけ、保育園だけではなく小学校の一部をも開放させて六歳児を受け入れた。それが「就学前クラス」、「ゼロ学年」あるいは保育園でいう「学校クラス」である。

保育園は一歳から六歳までだが、六歳になる子どもは就学前クラスの対象になるので、そのまま保育園のなかで就学前教育を始めるか、地域の基礎学校にある就学前クラスへ移ることになる。どちらを選ぶかは、もちろんそれぞれの自由である。

学期は、基礎学校と同じく八月の中ごろに始まる。基礎学校にある就学前クラスの場合でも、幼稚園教師が就学前クラスの教師として働き、基礎学校への準備教育を行うことになっている。多くの場合、午前中だけの集中教育である。準備教育といっても、何かをやるときのための集中力を養うことや、話し合いのルール（自分の番を待って話すとか相手の話を聞くなど）を学ぶなど、社会性に重点が置かれている。それから、体育のときなどに自分で服の脱着衣ができるなど、生活上の自立も一つの目標となっている。

一方、保育園のなかでの就学前クラスも、週に何度かの横割り教育を充実させ、子どもの集中力と自立を養うことに重点が置かれている。保育園での一日はなるべく家庭的な環境を追求しているが、この就学前クラスに関しては、学校という環境に子どもを慣らすことを目的としている。

同時に、自分が物事に対処し、判断し、決定する能力を養うために、教師から与えられた選択範囲のなかから作業を選ぶ時間も頻繁にとってある。たとえば、数字のパズル、三角や四角など形を学ぶパズル、量の測定ゲーム、言葉の遊び、チェスなど教科目の代用になるようなゲームが豊富に準備されてある。そのなかから一つのゲームを選んで、一定の時間内で集中して遊びながら学んでいく時間となっている。選んだゲームを一人で黙々としている者、数人で話し合いながら作業をしている者、やり方が分からなくて手を挙げて教師に教えてもらっている者とさまざまだが、ときには、同じゲームを数人が同時にやりたくて取り合いになるときもある。そのときには、なぜそのゲームをやりたいかを語らせ、一緒にほかの人と遊ぶことができるか、譲歩できるか、その動機などを議論させて解決方法を学ばせてゆく。

あるとき、子どもたちがケンカをしている場面に遭遇した。一人がほかの二人を殴ったのである。二人は教師にそのことを伝えに来た。すると教師は、三人を集めて「原因は何か知らないけれど、人を叩く行為は良いことか悪いことか、どちらでしょう?」と言うと、殴った子どもが「悪い」と答えた。

「じゃ、この二人に謝ってください」

その子どもは、不満げにそっぽを向いて「ゴメン」とぼそり言うだけだった。

「もう一度、心を込めて相手を見て言ってください」

その子は、今度はちゃんと謝った。教師は今度は二人に向かって、「じゃあ、あなたたちは彼の謝罪を認めますか? 許してあげるならばちゃんと答えてあげてください」と言った。二人はもぞもぞしている。

「何て言えばいいの?」

どうやら、言葉が見つからないらしい。

「謝ってくれてありがとう。許してあげます」と教師が言うと、二人は照れくさそうに交互に同じことを繰り返し言った。

「心から許してあげるのよ。ハグもしてあげれば」と教師が促すと、二人はまた交互にハグ(抱擁)をした。そして、すぐに仲の良い三人組に戻っていた。

このように、ケンカ両成敗ではなく謝罪をする意味と、またそれに対して許す気持ちまでフォローして教えている。これは、当たり前のようでなかなかできないことである。それに、これらの場合、教師の判断だけでなく個人それぞれの判断と決断力も必要になってくる。子どもたちは、必要とされる判断力などを、教師のサポートを得ながらさまざまなトラブルに直面しながら体得していくことになる。

当たり前のことだが、子どもの能力にも差があり、両親が希望すれば就学前クラスを飛ばして六歳から直接基礎学校へ上がることもできる。

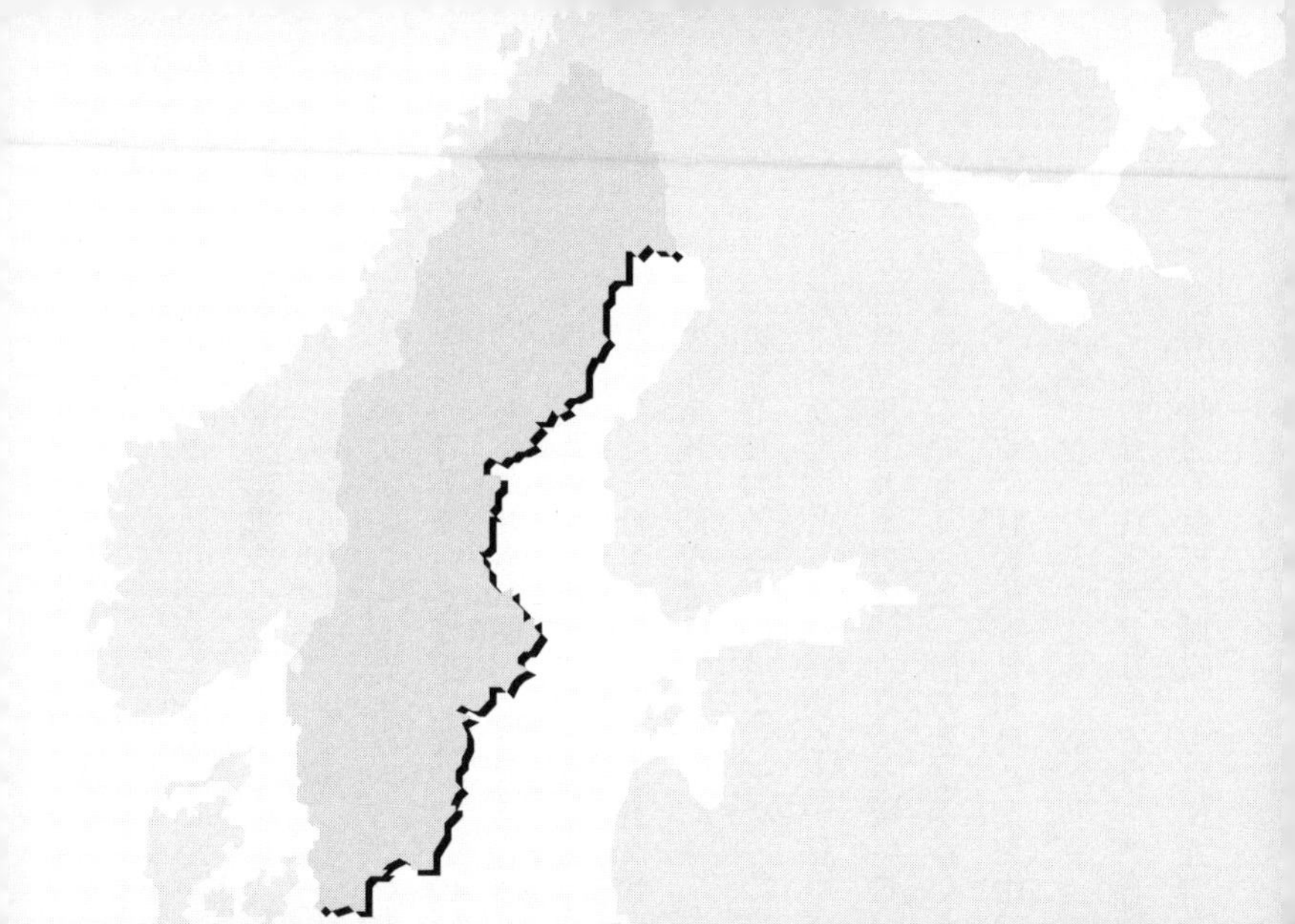

第2章 基礎学校概要

Grundskola
(Låg och mellan stadium)

基礎学校

スウェーデンの「基礎学校」とは、七歳から一五歳までの子どもが九年間勉強する義務教育を意味し、日本でいえば小学校、中学校にあたる。ここでは、日本の読者の方により理解をしていただくために「小学校」「中学校」と区別して記すことにする。このほかの義務教育としては、特別学校（知的・身体障害児教育）、聾唖・盲人学校、それから前述したが、スウェーデン北部に住む民族で日本のアイヌ人とも文化的な繋がりがあるといわれているサーメ民族の学校などもこの義務教育に含まれている。

それぞれの学校における、学費、給食費、保健・医療費、教科書、材料費、ノート、鉛筆、消しゴムなどはすべてが公費でまかなわれ無料である。ただ、教科書などは数年にわたってリサイクル利用されるので、もらった教科書にはカバーをかけて大事に使用するように、と学校側から言われる。とはいえ、落書きがされたり、ボロボロになった教科書は随時取り換えられることになっている。特別学校における送迎用の移送タクシーは、保育園の場合と同様ここでももちろん無料だ。

学校教育の責任者でもあるコミューンは、学習指導要領の内容が総括的に反映されるように経済的、時間的余裕を保障し、責任者でもある校長や教員たちには、地域や生徒個人に対応した教育をするようにと指示されている。また、学習指導要領では、生徒と両親がともに積極的に教育プランに参加することを推奨し、校長は生徒個人にもとづく重大決議をする際には、必ず両親との協議のうえで決定するべく両親の参加を義務化している。いかに学校側が、子どもとその家族の協力を望んでいるかがうかがえるだろう。

親の仕事などが理由で、子どもたちが放課後に集合できる場所を「学童保育（fritidshem）」として確保している。学校の一部が学童保育に開放され、一二歳までの子どもを預かっている。親たちは、保育園の延長でもあるこの学童保育を歓迎した。しかし、学校の学費は無料だが、学童保育の費用は、保育園と同様に月々の利用料を収入に応じて支払うことになっている。一〇歳をすぎると「オープン学童保育」として生徒自身が学童保育に参加するか否かを決めてもよく、友達と放課後に集まったり、直接帰宅してその時間を一人で過ごしたりする。ここでも、自らの意志で判断するということの重要性を子どもに意識させるようにしている。

放課後、学童保育に行かないで時間を持て余す生徒や、一二歳以上の子どもが集まる場所として「余暇センター（fritidsgården）」がある。ほとんどの余暇センターは学校の敷地内にある。一学期間（半年）の会員費を支払い（約四〇クローナ。ハンバーガーセット一つの値段）、宿題をしたり、ゲームや卓球をしたりして過す、文字通り余暇の場所である。ここには通常、余暇リーダー（レジャーリーダー）といわれる職員が必ず常駐しており、一ヶ月に一度はカラオケ大会やディスコ大会を開いている。中学生は夕方からここに集まり、平日は夜の一〇時ごろまで、金曜日は少し遅く一一時半ごろまでここで過ごしている。毎日そこに行く子どもはあまりいないが、多くの中学生たちはそこにたむろして、お喋りをしたり、ビリヤードやゲームをして楽しんでいる。塾や家庭教師制度もなく、宿題も少ないこの国では、とにかく友達同士でよく遊ぶ。そして、友達と一緒に過すということがもっとも重要なこととなっている。

入学式と終業式

重厚で厳粛な日本の入学式や卒業式からすると、スウェーデンの入学式や終業式はいとも簡単に終わる。こちらの入学式は、全員が一ヶ所に集まるということはなく、いきなり教室で担任の教師との対面となる。子どもたちは、保育園や就学前クラスから準備段階としてすでに担任の教師には会っているが、両親にとっては初めての出会いである。クラスの生徒は小学校六年間ずーっと一緒なので、親子ともどもこのときの期待は大きいし緊張もする。とはいえ、呆気なく終わっているが……。

一方、国教がキリスト教（福音ルター派）といわれるだけあって、学期末ごとにある修了式は、ほとんど例外なく地域の教会で厳かに執り行われる。

生徒が式の進行を務め、音楽教師が率いるコーラスや楽器演奏があり、教会の神父が修了式の訓示を簡単に述べる。コーラスも、馴染み深い歌あり、生徒が弾くエレキギターの音をバックに歌うポップスありで、傍聴していても楽しい。また、同じ敷地内にある特別学校の生徒が修了式に手話で歌を披露するなど、微笑ましい光景も見られる。生徒はみんな着飾り、両親や家族も普段着よりは少しお洒落をして参加している。市内や町内の偉い人もいないし、長ーい訓示もないし、もちろん予行演習もない。

式の後はそれぞれ教室に集まり、教師への感謝や別れの挨拶をする。修了式後の夏休みや冬休みにも宿題は何一つないため、遊ぶための計画づくりに子どもたちは夢中になる。

少し説明するが、スウェーデンでは一年の予定を立てるときにいつも何週目という。つまり、一月の第一週目から数えて一年は五二週あるのだが、それを基本にしてスケジュールが組まれているのだ。だからスウェーデンの学校では、一学期は、八月の三三週目から始まってクリスマス前の五一週目に終わる。それから二学期は、年明けの第二週目から始まり二四週目の六月の初旬に終わる。日本のように三学期制ではなく、一年を二学期に分けている。そして、修了式はその学期末ごとにあるのだ。

一年の最後を飾る六月の修了式は卒業式も兼ねるので、日本でいう「終業式」のように少し大きな行事となる。卒業生のためだけの卒業式というものはスウェーデンにはなく、あくまでも修了式の一部として存在している。内容は普段の修了式とあまり変わりなく、最後に整列した後輩の間を卒業生が通り、バラの花を一本もらう程度で終わる。『蛍の光』も涙もなく、感傷的になる間もなくあっけなく拍手で終了する。

教会での修了式はこのように簡単だが、中学校を卒業する数日前から卒業生たちは、生徒会主催のパーティに参加したり、コンサートに参加したりと、さまざまなイベントに参加して自らの卒業を祝っている。

話はそれるが、卒業式といえるもののなかでもっとも派手なのは高校の卒業式であろう。ここで、ちょっと話は飛ぶが、簡単に高校の卒業式の様子を紹介しよう。

その当日には、我が子の幼児期の写真を引き伸ばして五〇センチ四方の看板に貼りつけ、「おめでとう」と書いて家族一同が卒業式に向かうのだ。卒業式が終わるのを、家族や親戚中が集まって、校庭や教会の外で看板を掲げて我が子が出てくるのをひたすら待つ。女子は白い洋服、男子はスーツ、それに高校卒業を象徴する白い学生帽（レアール時代からの古い風習）を被り、家族や親戚からたくさんの花束をもらってはそれを首からぶら下げ、家族が待っている乗り物などで自宅へ向かうのだ。この看板や乗り物の飾りは、わが子を驚かせるために両親たちが内緒でつくったものだ。

この乗り物は、リムジン、トラック、スポーツカー、二頭立ての馬車、バイクなどさまざまで、それに新芽や若葉の象徴としての白樺の木を括り付け、ブルーと黄色のスウェーデンの旗を思わせるリボンや風船でアレンジして、卒業生を乗せて派手に奇声を上げたりクラクションを鳴らしながら街中を走り回るのだ。実に面白い習慣で、街頭にいる人たちもこの光景を見かけると手を

高校卒業式の大イベント

花束を首からいっぱいぶらさげる

高校卒業を象徴する白い帽子

振って祝福してくれる。

かつては、卒業式の日に口答試験があって、質問に答えられない生徒は留年し、待ちわびている家族の前には現れないで裏口からそっと出ていったという悲劇もある。しかし現在では、成績が悪くて留年する人は稀で、自らの希望で、たとえば留学するとか、三年のところを四年かけてゆとりのある勉強方法を選ぶ人、また一時期社会に出て仕事をするとかの理由で留年をする人はいる。何年かかろうが、とにかく卒業式のときには、このような乗り物に乗って自宅へ向かうのが一つのイベントになっている。

今年（二〇〇一年）、街で見かけた車の中には飾りをつけた消防自動車もあって、もし本物の火事があったらどうするのだろうかと心配したくらいだ。そのほか、残念なことに乗り物の事故もあって、トラクターでワゴン車を引っぱり、それに卒業生を乗せて喜んでいたのだが、カーブが曲がりきれなくて横倒しとなって卒業生が車外へ投げ出されていたこともある。幸い大怪我にはならなかったが、楽しい行事が一瞬のうちに悪夢に変わり、翌日の新聞には仰々しく記事にされていた。

私がもっとも印象に残っている乗り物を紹介しよう。それは、四人の大男（たぶん、父親、叔父、兄弟）がアフリカの原住民の人よろしく上半身裸で茶色く塗り、麦わら帽子に藁や腰布で下半身を覆い、そのうえ裸足で学校から出てくる娘さんを待っていた。乗り物といえば木を組み合わせただけのもので、その上に椅子を取り付けて風船や白樺の枝を使って飾っていた。

卒業式を終えて出てきた娘さんの顔をみなさんに見せてあげたいほどだ。父親の姿に思わず吹き出し、周りにいる人たちを巻き込んでの大爆笑。埋もれるほどたくさんの花束を抱えて、さらに娘さんはピカピカと輝く冠を頭に乗せられて椅子に座った。それを、四人の大男たちは御輿《みこし》のように軽々と嬌声とともに担ぎ上げた。娘さんは、笑いが止まらなかった。その幸せいっぱいの光景に、この人は実にたくさんの人に愛されているんだなぁと、そばで見ていて他人のことながら感激した。しかし、祝う集団から離れて一人白い帽子を被り、淋しく自転車で帰る学生もいた。悲喜対象的で、家族や友人のいない学生の心痛が痛いほど分かる。彼らにとっては、酷なイベントともなる。

こうして彼らは、街を走り回った後に自宅に戻って、家族や親戚一同が集まって盛大なパーティを開く。クラスの仲間から知らない人までもが入り乱れて、卒業生の家を転々として夜遅くまで騒ぎまくる。私の同僚には、仕事を二日ほど休んでこの日のための準備をし、一〇〇人もの訪問者に備える家庭もあるくらいだから、いかに卒業式が大きなイベントであるかが分かるだろう。

また、この時期になると、街の至る所で卒業生たちの興奮した悪戯《いたずら》が見つかる。広場にある噴水のなかや運河を泳いでみたり、歩行者天国をストリーキングで走ったりと、熱狂的な遊びに夢中になる高校生に出会うことになる。でも警察も、この時期だけは大目に見ているようだ。

話が大きくそれてしまった。もとに戻って、小学校の英語の授業風景をのぞいてみよう。

会話重視の英語教育

八ヶ国語で「馬」という単語を覚えた男がいた。しかし、彼が乗馬用の馬と思って買ってきたのは牛であった、という笑い話が西洋にある。言葉を覚えても、実用的に活用できなければ何の役にも立たないというたとえである。このたとえに象徴されるように、スウェーデンでは、外国語を学ぶときにはすぐにでもその言葉が使えるように授業が進められている。

母国語の次に重要な外国語は英語で、小学校三年生から大半の学校で始まる。なかには、小学校一年生から始めるべきだという学校もある。英語の次は、自由選択でフランス語、ドイツ語、スペイン語で、こちらのほうは小学校六年生から選べるようになっている。

テレビで放映される外国の番組は吹き替えのないのがほとんどで、英語の番組がたくさんあり、英語を聞く能力が幼児のころから自然につちかわれるようになっている。幼い子どもを対象にした番組でさえ、イギリス、アメリカから送られてきた番組は吹き替えなしの英語のままで放映されることが多い。もっとも、日本から来るアニメの「セーラームーン」や「ポケモン」などはさすがにスウェーデン語に吹き替えられて放映されている。しかし、「ピカチュウ」など名前はそのままなので、聞いていると実に面白い。

映画館では、ディズニー映画などがその主な代表だが、吹き替え放映か英語版かのどちらかを選べるようになっている。子どもとともに観る家族はスウェーデン語版を選び、若いカップルなど英語の分かる人たちはそちらへ行って鑑賞しているようだ。このような環境は、英語を覚えるのに非常に都合がよい。耳が外国語の発音に慣れるためには幼ければ幼いほどいいわけだから、テレビなどから自然に耳に入ってくる環境はこのうえないものとなる。

小数国民（九〇〇万人弱）のスウェーデンであるからこそ、英語を国際語として鍛錬する必要もあるわけだ。会話重視の教育における成果は、発音においても表現力においても、世界的に水準が高いものとされている。筆記力や文法は多少劣るようだが、これも、実用的な会話重視の教育を行っているがゆえであろう。

小学校での英語の授業を見てみると実に面白い。簡単な挨拶を、コントなどのロールプレイをしながら覚えている。英語の本を見ても楽しそうで、アイドルやロックミュージックの話題までも取り上げてあるなど、子どもたちの興味を誘う工夫がいろいろとしてある。また、イギリスの学校と提携して手紙の交換を実施する学校もあるし、最近では、インターネットでeメールの交換もしている。

仕事上、私は、担当の障害児が通う学校の授業を観察することがある。特別学校ではなく、健常児とともに勉強している統合クラスである。そのときに見た五年生の英語の授業は、ポピュラーな曲に合わせて踊りながら英語の歌を披露しあっていた。英語の授業だけでなく、スウェーデンの小学校の授業では、保育園と同様に「五感」をふんだんに取り入れた授業を展開している。

一方的な教え込みではなく、手や身体を使い、目で見て、耳で聞いて、体感するすべての感覚を統合した授業なのである。英語を聞き、アイドルの写真を集め、それをグループワークで一枚の紙に貼り、それに英語で説明を入れたり、新聞の切り抜きを切って貼ったり、色を塗ったりと、さまざま方法で表現するのだ。このグループワークでの授業は多く、ポピュラーな曲を歌ってみせたり、簡単なコントをしてみせたり、とにかく創造力の豊かな授業風景となっている。楽しそうで、こんな風にして英語を覚えていける環境は羨ましいかぎりである。もっとも、それがゆえに教師側には高度な英会話の能力が必要とされるが。

制服

スウェーデンの子どもは、小さいときから流行の服を身に着け、オシャレを意識し始めるのも早い。制服がないというのがその理由だろう。スウェーデン人に制服についてどう思うか聞いてみると、「制服があってもいい」と答えてくれる人もなかにはいる。ネーム入りの高級ブランド品ばかりを好む生徒もおり、競争のように次から次へと新しい洋服で学校へ来る生徒や、好きな洋服が買えないでイジメにあう生徒もいるので、制服があればいいということらしい。でも、彼らの考えている制服というのは、Tシャツにジーンズという類のものである。現に、制服ではないが、男女の区別なく多くの子どもたちがTシャツとジーンズという格好で通学している。

小学校二、三年の男の子が、頭にポマードをつけて少々パンク風に形を整えて出掛けたり、女の子が流行の厚底靴などを履いていても誰も咎めない。幼児のころは大人の模倣でマニキュアを塗ったり、あるいは母親が面白がって子どもに塗ったりするし、中近東からの移民の子どもにいたっては乳児のころからピアスをしている。まあ、親が子どもを着せ替え人形のようにしてオシャレをさせているのはどこの国でも同じだろう。ただ、この国の場合は、子どもが自分の服を選び始めるのが早いのだ。そして、親も子どもの着たい服をあまり反対することなく買っている。子どもが中学校へ入るころには完全に自分の服は自分で選んで買うようになり、自分で色や形をコーディネイトして着ている子が多い。スウェーデン人の好みか、デパートやブティックの流行がそうなのか、比較的シンプルなデザインのものが多く見かけられる。

どうしてこれを黙って見逃すのか、と驚くのが小学生のお化粧である。こちらでは、小学校四、五年生ごろに女の子たちはお化粧に目覚めるのだ。もちろん、化粧品に全然興味を示さない子どももたくさんいるが、仮装パーティの延長のごとく、化粧することに熱中する子どもが多い。学校主催、学童保育主催、余暇センター主催などのディスコ大会があると、早くから支度に余念がない。日本では「ディスコ」という言葉は死語になったようだが、スウェーデンでは現在も「ディスコ」がポピュラーな社交場となっている。九歳、一〇歳の女の子たちが一つの家に集まって、ワイワイと準備していくところからすでにディスコの楽しさは始まっているようだ。

友人の子どもたちがディスコへ行くという、その準備の真っ最中に居合わせたことがある。本当に、仮装パーティのノリでお化粧をしている。仮装パーティは保育園でも小学校低学年でも、常時、誕生会などのときに開かれるので、顔に何かを塗るという行為はどうやら当然となっており、自然であると思っているようだ。目にはアイラインを入れ、長いまつげをさらに長くし、アイシャドウを入れる。口紅はといえばカラフルで、それこそ色とりどり。マニキュアも同様で、黒色もクールだとばかりに平気で塗っていく。

「今晩はインスタントネイルをつけるわ」と、爪を噛むくせのある一〇歳（四年生）のアンナは言う。接着剤をつけてロングになったインスタントの爪をかざして、それにマニキュアを塗ると横にいたエベリーナも「素敵ぃ〜」と、うっとりとして見惚れている。アンナの部屋に三人の女の子たちが集まって、洋服をひっきりなしに着替えてオシャレをしている。

「誰かへヤーカラーの欲しい人？」と言って、青色とゴールドのスプレーを見せる。

「ディスコはとっても楽しいわ。男子はアフターシェイブの香りをプンプンさせてくるのよ。私も何かつけなくちゃ！」

「ダンスはチークダンスがサイコー、大好き！　スローな曲になると、みんな抱き合って踊ってるんだから」とソフィーが言えば、ほかの二人も「そうだ、そうだ」とうなずく。

「ときどき嫌いな男の子に誘われるんだけど、『頭が今痛いの！』と言って断るわ」と、アンナは少し顔をしかめ、しかも七色に輝く虹色のへアークリームを髪に入念につけながら言う。

「私はトイレへ行くところだからって断るわ」と、ソフィーが断りの手口を披露してくれる。

予定の七時前になると、歩いて五分とかからない学校へと、髪に銀粉を散らして連れだって出掛けていった。

ディスコは学校の体育館や余暇センターで開かれ、友達を見つけあっては嬌声を上げ、互いの服装や化粧を誉めあうところから始まる。余暇リーダーの大人が二、三人いるし、どこかのクラス主催のときには親が手伝っている。私も、ディスコでは門番役をしたりディスコの後片付けの掃除をしたことがある。ちなみに、着飾った洋服はといえば、プリンスやプリンセスのような女の子らしい服装はほとんどなく、流行《はや》りのポップシンガーのようなタイトでキラキラ光る格好が多い。どの子どもたちも期待に胸を膨らませ、わずか二〇クローナの入場券を入り口で受け取る。

ディスコ内の売店で売るポップコーンやコカ・コーラなどの売り上げにおける利益は、クラスの卒業旅行や夏のキャンプの費用にあてるために貯金をする。このほか、資金集めのためにはクラスでフリーマーケットを開いたり、学校の近所に宝くじやナンバーロットなどを売り歩いたりもしている。

さて、ディスコでの出だしはどこの国でもそうであるように恥ずかしいのか、ゆっくりと女の子同士が輪になって踊っている。男の子は奥手らしく、ポップコーンやお菓子の周りにたむろし、コカ・コーラを飲みながら時間をかけて声をかけていくらしい。ここでは、中学生がディスクジョッキーや売店の売り子となって手伝っている。彼らは、学童保育の先輩にあたるのだ。

最初のリズムの激しい曲のときにはみんなバラバラに踊っていたが、最初のスローテンポの曲になると途端に、アンナもエベリーナもソフィーも目をかけていた男の子たちを誘ってチークを踊り出した。女の子だからといって、男の子が声をかけてくるのを大人しく待っていたりは決してしない。

このディスコ大会は、夜の一〇時まで続く。もちろん、翌日は学校である。中学校では、夜の一一時までディスコ大会が続いているので驚く。終わって帰宅すると真夜中ではないか。保護者会（一二九ページより詳述）でこの夜の遅いディスコが問題になったのだが、学校側は今でも年に数回は木曜日の夜の一一時くらいまでディスコを開くことを許可している。

お化粧は、ディスコ以外にも週末になると女の子同士が集まってはワイワイと遊びのつもりでやっているのだが、それが次第にエスカレートして学校に行くときまでしていくようになる。もちろん、それを止める親もいれば、逆に面白がる親もいるからこの国は面白い。学校でも、とやかくは言わない。なかには、まるっきり仮装パーティにでも行くような厚化粧をした子どももいるので、さすがにそのときは控えるように忠告する程度である。

このやりすぎではないかと思われるお化粧と、その年齢の兆候を観察してみると実に面白いことに気がつく。小学校の高学年のころは、早く大人へ近づこうとするのか、化粧に興味をもつ子どもは仮装と同じく厚化粧をしてあれやこれやとトライする。中学校になると少し控えめのお化粧になり、高校ではほとんどが薄化粧になる。そして、大学生や社会人になるとまったくの素ッピンの人が多いのは、小学校で十分遊びの化粧をした反動からなのだろうか。子どもの美しい肌を考えるとお化粧をすることはまったく意味がないが、遊びの一種だと考えればそれもしかりと思える。

大人の化粧についてもひと言。化粧をまったくしないわけではなく、大人も高齢者も、終末のパーティへ行くときなどは身だしなみの一つとしてドレスアップをして多少のお化粧をしていく。私が働いている職場を見ても、同僚のほとんどが普段は素ッピンなのに、職場のパーティなどには口紅とか目のあたりに入念に化粧をしていて、「えっ誰だろ、素敵！」と思わせる。これが一つのエチケットのようでもある。お化粧をするのは、スウェーデン人にとって色が白すぎて顔色が病的に見えるからで、少し肌を茶色っぽくして日に焼けた健康色を演出するためなのだ。いわゆる、「ガングロ」の元祖であるといってもいいのでは。

お化粧だけではない。そう香水！　小学生の子どもが、香水をプンプンさせて意気揚々と学校へ出掛けていく。残り香が学校の廊下に香るのも珍しくない。女の子同士が集まると香水の話に花が咲き、親でも知らないような名前をしっかりと覚えている。男の子も毎朝シャワーして、髪に水櫛を当てて鏡でしっかり自分の姿をチェックしている。こんな風にチェックしていくのがまるでエチケットのように思って念入りにしているのだから少々笑えるが、本人はいたって真面目なのである。

なかには、パンク風の継ぎはぎだらけの服をわざと着こなすのが好きなグループもいる。これは反社会性の一〇代の特権でもある若者に多いが、朝シャンもめんどくさいらしく、濡れた頭をそのままにして学校に行っている。服装を一見しただけでどのようなグループかが分かるので、眺めていると結構面白い。ズボンをこれでもかと下げて履き、お尻が丸見えのスケボーやラップのグループ、目の淵を真っ黒にして黒い服を着ている「サタニズム」と称するグループ、体育会系のジャージーグループ、パンクはもうすでにみんなが知っているところだ。

とにかく、小学校の高学年ころから子どもは身なりや容姿に非常に関心をもち始めるので、学校側もとくにそのことに関して規制はしていない。中学校では思春期に入るころということで、服装にしても生徒同士で互いをチェックしているようだ。グループに属さない変わった服装をしている人も多く、イジメが増えるのもこの時期である。ブランド志向の生徒も多く、新品の買ったばかりの高価な靴やマーク入りの上着が学校から消えてしまうという好ましくない事件が度々発生する。もちろん、所持品に対する学校からの保証はない。

成績表のない学校

まず、成績とは何か?

❶学科の知識能力を自分が達成したか否かを知るもの。
❷自分の学習成果が以前に比べて進歩しているかどうかを知るもの。
❸自分の学習成果は、ほかの人やグループのなかでどのような位置付けなのかを知るもの。

このような定義となるのだろうが、残念なことに、最後の「グループのなかの自分の位置付け」が進学を左右する基準になっている。

スウェーデンの教育要領の指針では、「知識」について四つのプロセスがあると『学校での自由空間増加（Skolansfrirum växer）』という本のなかで説明している。たとえば、自転車という知識を得ることを目標とした場合、次のようなことが必要になってくる。

物理学的知識――自転車というものの形やサドル、タイヤ、ギア、ネジなどの名称を知り、チェーンは個々の輪が連なってできているなどの知識を得ること。

理解度――すべての物理的機能の相互関係を理解する。なぜ、どうして、チェーンはタイヤを動かせるのか。ペダルを踏むとなぜ自転車は前進するのかなど。

実践修得――自転車を自分の力だけで動かせるかどうか。

信任活用――自転車を有能に乗りこなせ、交通手段として信頼し活用できるかどうか。

これら四つのプロセスを踏まえたうえで判断する成績表でなくてはいけないと説明しているのだ。だとすると、普通のテスト用紙に重点を置く現在の成績表では記憶力だけの評価であって、実質的な評価はできないのではないか。要するに、スウェーデンにおいてもまだ一般の知能テストでは、ここでいうような実用的な部分がまったく評価されていないのだ。

イケア（IKEA）という、スウェーデンの大衆向けの家具屋がある。このイケアで家具を買うと、説明書や図面を見ながら、本箱や机などの家具を自分で組み立てなければならない。完成品でなく自分で組み立てるので、それだけ値段も安くなっている。知能テストでは素晴らしい成績を残していても、この家具を組み立てることができない人が多い。逆に、学校の成績は悪いが家具を難なく組み立てる人もいる。このような状況を見て、ルンド大学のある心理学者はこれこそ本当の能力評価であろうと言った。知能テストのなかにイケアの家具の組み立てという項目があってもよいのではないかと言うが、社会での実用性を考えると意外とよいアイデアかもしれない。

スウェーデンでは、中学二年生（八年生）になって初めて成績表をもらう。それまで成績表はない。例外として、現在、ストックホルムの一部の小学校では一年生から成績表を渡すことにするとつい最近決定をし、教育庁と対立している。しかし全国的には、均等教育を充実させるためにも成績が示す優劣は子どもの能力にレッテルを貼ってしまう危険性があるとして、成績表を導入していない。幼少時代に、強弱関係なく平等で、人間には得手不得手があるということを意識的に教え込もうという配慮であろう。

学習方法について述べよう。

小学校では、算数のレベルの違う教科書が幾つもあり、それを個人の能力にあわせて一つずつこなしていくのが普通となっている。学習する早さも個人のスピードにあわせているために、算数に強い飲み込みの早い子どもはとっとと早く進み、教科書も高いレベルのものを使っている。

計算の苦手な子どもは、時間をかけて非常にゆっくりと勉強している。子ども同士で違うレベルの教科書を受け取っていても誰もねたむ人はいないし、親も子どもの学習スピードを考えて歓迎している。教育要領には、一応発達段階にあわせた算数のガイドラインが指示されているが、いかに、どのように、どんなスピードで教えるかは教師の手腕に任せられている。成績表がないのは、競争意識のないこんな授業を可能にしているからであろう。

成績評価がまったくなければ、「自分の子どもが、教育科目にどの程度ついていけているのか分からない」とよくいわれる。そのために学校では、一学期に一度のわりで保護者面談を開いている。一時間の四分の一、つまり「クオーター（一五分間）懇談会」と以前は呼ばれていたが、最近では「成長懇談会」と名前が変えられた。これは、成績評価ではなく、子どもの発達や進歩について保護者と子どもとともに懇談をしようというものである。日本でいう、いわゆる「三者面談」である。

この成長懇談会が始まる数日前に、子どもは教師から一枚の質問用紙を渡される。それには、自分で自分の学業を判断した自己評価や、子どもの社会性を問う質問や教師への質問などが記載されている。数種類あるので紹介しよう。

図４　まだ、文字も読めないし書けない低学年のための質問用紙。右の円のなかに顔を描いて答える。

私は学校についてこんなふうに思う

1．学校はどうですか？

2．教室での勉強はどうですか？

3．休憩時間はどうですか？

4．あなたの勉強はうまくいってますか？

5．よい学校へ行っていると思いますか？

6．あなたは、クラス内によい友達がいますか？

7．先生にいろいろなことで助けてもらえますか？

8．誰かをいじめたりしていますか？
いいえ、はい、誰か ＿＿＿＿＿＿

9．ほかのクラスの友達で誰かをいじめていますか？
いいえ、はい、誰か ＿＿＿＿＿＿

10．休憩時間に仲間はずれにされている人がいますか？
いいえ、はい、誰か ＿＿＿＿＿＿

図5　3、4年生になると、「はい」「いいえ」「普通」の3段階で答えるこんな質問用紙もある。

名前＿＿＿＿＿＿＿　　日時　　／

	はい	いいえ	ふつう
1．学校は楽しいですか？			
2．学校へ行く理由を知っていますか？			
3．学校では上手に過ごしたいですか？			
4．できるかぎりの努力をしますか？			
5．宿題をしていますか？			
6．いろいろ助けてもらえますか？			
7．学校はいい所だと思いますか？			
8．学校での決定事項には、生徒も参加して共に決めますか？			
9．友達がいますか？			
10．たくさんの友達がいますか？			
11．趣味がありますか？			
12．先生を信頼していますか？			
13．学校の先生みんなを信頼していますか？			
14．絵が……好きですか？			
英語……　〃			
体操……　〃			
算数……　〃			
音楽……　〃			
社会、地理、歴史、……　〃			
技術家庭……　〃			
スウェーデン語……　〃			
15．あなたは今の学校に満足していますか？			
16．今以上にして欲しいものは……			

図６　小学校高学年用の質問用紙は、次のような内容になっています。

名前　＿＿＿＿＿＿＿＿＿＿

○クラスは楽しいですか？

＿＿＿＿＿＿＿＿＿＿

○学校は楽しいですか？　何か変えたい部分はありますか？

＿＿＿＿＿＿＿＿＿＿

○学校での友達付き合いや協力しあう場合はどうですか？

＿＿＿＿＿＿＿＿＿＿

○友達の話を上手に聞けますか？

＿＿＿＿＿＿＿＿＿＿

○静かで安心して学習できる授業にするために、あなたはどうしたらよいと思いますか？

＿＿＿＿＿＿＿＿＿＿

○授業には遅れないように来ていますか？

＿＿＿＿＿＿＿＿＿＿

○宿題はしていますか？　誰かに教えてもらえますか？

＿＿＿＿＿＿＿＿＿＿

○持ち物の整理整頓ができていますか？

＿＿＿＿＿＿＿＿＿＿

○よい友達とはどういう人ですか？

＿＿＿＿＿＿＿＿＿＿

○勉強はどうですか？　うまくいってる科目および遅れ気味の科目は？

スウェーデン語　＿＿＿＿＿＿＿＿＿＿
算数　＿＿＿＿＿＿＿＿＿＿
社会/地理/歴史　＿＿＿＿＿＿＿＿＿＿
音楽　＿＿＿＿＿＿＿＿＿＿
体育　＿＿＿＿＿＿＿＿＿＿
技術家庭　＿＿＿＿＿＿＿＿＿＿
英語　＿＿＿＿＿＿＿＿＿＿
美術　＿＿＿＿＿＿＿＿＿＿
第２外国語　＿＿＿＿＿＿＿＿＿＿

○あなたが必要だと思うサポートが学校から与えられていますか？

＿＿＿＿＿＿＿＿＿＿

○そのほか尋ねたいことは？

＿＿＿＿＿＿＿＿＿＿

以上のような質問であるが、質問内容は全国共通ではないし、学校や教師によってまちまちである。しかし、このようにして子どもが下した評価をもとに教師は懇談会にのぞみ、子どもたちの質問に答えていくのである。教師は主に子どもに直接話しかけ、保護者は子どもが答えているのを補足する程度である。子どもはこの話し合いによって、自分の評価と教師の評価とが合っているかどうかを見極めることができる。

この懇談会の目的は、子ども個人の評価だけでないことを強調したい。つまり、教師への評価でもあるのだ。教師の指導が分かりやすいかどうかと尋ねて、「分からない」と答えられれば教師としてもその指導方法を変えなければならない。お世辞や遠慮で「分かる」と答える子どもはまずいない。教師にとっても、この成長懇談会は指導方法を反芻する最良の機会となっている。

そのほか、「算数はもう少し頑張ろうね」などともちゃんと言ってくれるし、「英語の発音がすごく上手だ」とも誉めてくれる。親が特別指導を望めば、それを考慮してくれて、次の学期からは特別教師が週に何度かつくこともある。この成長懇談会は子どもも理解できる具体的なものとなっており、それゆえ親は教師を信頼することができる。

「成績表もない。授業もゆっくりすぎて甘い。こんなのでは、うちの子どもは勉強しなくなる！」と啖呵《たんか》を切って、子どもを連れて日本に帰国してしまった女性がいる。

日本の子どもが短期滞在などでスウェーデンに来て、スウェーデン人の子どもが暗算のできないのに驚かされる。言葉はできないが、算数だけは圧倒的に優秀さを示す日本人の子どもは、ついスウェーデン人の子どもを馬鹿にしてしまうことがある。小学校高学年のスウェーデン人の子どもが一所懸命両手の指を使って数えている場面などに遭遇すると、なぜスウェーデン人はこんなにも馬鹿なんだと思ってしまうらしい。

しかし、算数や数学が得意な子どもはスウェーデンにもいるし、日本人にも負けないほど素早く計算する子どももいる。もって生まれた天性というのか、これまで遊びまくって十分に青春を謳歌して勉強などしていなかったはずなのに、高校生や大学生になって数学や物理の問題をスラスラと解く人もいる。要するに、すべての子どもに画一的な数学を強要するのではなく、天性のものを自然に伸ばそうとしている。数学という学問に対する姿勢自体が、両国で異なるようにも思える（算数の授業や考え方については九八ページより詳述）。

ピアノ一つにしても、誰も彼もがピアノを習うのではなく、興味を示す者が習い、そしてぐんぐんと伸びていく。神童と見間違うほど音感のいい人もいて、耳で聞いたメロディをすぐさま両手で弾いてしまうというような子どもが呆気なく出てくる。それがスウェーデンという国なのだ。実社会に出てからの人間の価値観、その優劣は、学歴や成績では決まらない。少数民族でありながら、テニス、スキー、ゴルフ、卓球などでも分かるように、学歴とは関係なく世界の舞台で大活躍する人がどんどん出てくるのだから不思議だ。

内実のある学力とは何かを、ふと考えさせられる。誰しも、まず学ぼうという発想力が必要になる。興味がわくものが対象でないかぎり、やる気も出てこない。そのためにスウェーデンでは、学科目を子どもの興味がわくように五感を取り入れてあらゆる角度からとらえようとしている。興味がわけば知りたい意欲もわいてくる。そして、自分から進んで学ぼうとする学習意欲が養われる。いったん意欲が芽生えれば、徹底的にテーマ活動などを通して追究させる。その後、友達同士での発表や報告で達成感や喜びなどを感じるようにするとともに、自分の学力を自己評価して自分の学びを振り返ってみる。真の学習形態とは、こんなところにあるのではないだろうか。

さらに基礎学校では、凍結した池にはまったときにはどうすればよいか、森で道に迷ったときはどうすればよいかなど、学科以外の能力も養うようになっている。それ以外でも、人間の価値観をどこに置くかとか、社会や政治を正当に批判する目など、社会生活をしていくうえにおいて必要となる事柄に対しても豊富な知識が伝授されている。

日本に帰国してしまった彼女の言うように、授業も保育園の続きのようで甘いのかもしれない。筆記に時間をかけず、ノートの取り方もなかなか分からないかもしれない。暗算にも力を入れないし、逆に計算機の使用を許可してしまう。いろいろと欠けた部分や不満に思う部分がたくさんあるかもしれないが、ドングリの背比べのように一律な教育ではなく、多彩な才能や素質をもっている子ども、なかなか勉強についていくことのできない子どもたちが自由にのびのびと成長していける、そんな学校教育がスウェーデンにはある。学校とはただ知識を与えるだけではなく、自分で考え、選択し、自立していけるだけの基礎能力を与える場であるのではないだろうか。

社会性

社会科の授業のときには、人間と社会とのかかわりあいの様子を徹底的に習う。人間とは何か、またその人格の形成・尊重、個人の自由などを学び、さらにスウェーデンという国に浸透している機会均等制度、自然享有権、人権、民主化、社会規律などが、それぞれの学年にあった知識として得られるようになっている。

暗記中心の指導方法ではなく、子どもたちにまず物事を観察する眼、批評する眼、問題に取り組む動機や好奇心、調査する努力、解決する手段の選択方法、結果と効果、そしてそのすべてのプロセスに責任をもつことなどを子どもたち一人ひとりに委ねて学ばせるのである。子どもたちはプロセスを通じて、何が、どういう風にして、何故そうなるのか？ と資料を集めて調査をして、物事を見極めていく眼を養いながら判断していくことを覚える。このような考え方は、学芸会や発表会などのときにも現れる。全校単位で行うのではなく、各クラスで頻繁に行っており、結果発表もまちまちで他愛もないことのほうが多い。しかし、子どもたちは発表の結果ではなく、自分たちが体験して学んだことをよく覚え、より楽しんでいるのだ。

選挙時において投票率が高いことは日本でもよく知られているが、その理由として、スウェーデンでは政治への意識が基礎学校のときに芽生えるということが挙げられる。スウェーデンで選挙が始まると、教師は課外授業の一環として、政治家が何を目的にどんな公約をしているのか調査するようにと、しばしばグループワークを指示する。まだ小学校三年生の子どもが、ノートと鉛筆を持って街の中央に臨時に建てられた各党の選挙事務所に出掛け、直接政治家にインタビューするのだ。政治家も心得たもので、ニコニコと対応している。

公害や環境汚染問題を取り上げる環境党、共産主義が根本の左党、労働や民主化を提唱し現在も主権をとっている社会民主党、農業連合会によって成立された中央党、キリスト教のイデオロギーを中心としたキリスト教民主党、官僚制度を打破し私企業化を図る穏健党など、左党から右党までどの政治党の主旨も明確で実に面白いし分かりやすい。選挙のときには、自分の意見とあう政党を選ぶことになる。

ところで、政治家には金持ちでないとなれないとか、親の跡を継ぐということはスウェーデンでは決してない。望めば、誰でも政治家になれるのだ。

一九七六年に、四四年も続いた社会民主党の左派を破って首相になったのが中央党の党首トルビョーン・フェルディーン（Torbjörn Fälldin）だが、彼は農家で生まれ、材木工場へ出稼ぎに行く父親について幼いころからミルクの運搬やウシやウマの世話をしていた。一三歳のとき、父親が胃潰瘍で倒れてからは材木場やセメント工場で働き、通信教育でレアル学校を卒業した。ＳＬＵ（Svenska landsbyggdens Ungdomsförbund）という地方農家の若者が集う中央党の支部があり、そこに参加し始めて政治の世界に入った。原子力発電所の建設にあたって党内で意見が割れ、反対派だったフェルディーンは一九七八年に退任したが、彼のいつもパイプを手にした温厚な姿はいつまでも心に残っている（Björn Elmbrant "Fälldin" T. Ficher & Co, 1991. を参照）。

また、社会民主党のウーロフ・パルメが暗殺された後を引き継いで首相になったイングヴァル・カールソン（Ingvar Carlsson）は、倉庫番の父親と掃除夫の母親のもとに生まれている。ある日、組合活動に熱心だった父親のもとへ報告書を届けに行ったイングヴァルは、父親が心臓発作を起こして倒れているのを発見した。一家の支えでもある父親の亡き後、何の保障もなく路頭に迷うほどの貧しさを体験している。福祉の行き届かない社会を改善するためにも彼は、社会民主党の若者協会の会員になった。彼は一二歳のころからピコロ（ポーター）としてホテルで働き、また鉄道で荷役をしたり、イカ（ICA）というチェーンストアの事務をしながら、夜間に勉強をして学校で一斉に行われる試験でなく個別試験を受けて大学を卒業している。首相になった後も、彼の実直な性格は政治の誠実さを現し、熱心な姿がうかがわれた（Göran Farn "Carlsson" Tidens Förlag, 1991. を参照）。

環境党で活躍しているビルゲル・シュラウグ（Birger Schlaug）は、学校が大嫌いで未成年のときに年上の女性に教えられて性に目覚め、高校卒業の象徴でもある白い帽子を被らず、徴兵制度でも銃を持ちたくないといった、かなりの反骨精神をもった人である。その後も、郵便局で郵便の分別係をし、そのときに出会った人と結婚してすぐに離婚をし、市庁舎で事務の仕事にありつきそこで恋愛、そのまま田舎で自活農業を営むなど、多感な生活の過去がある。農家での生活をするようになって環境問題に対して関心がわき、環境汚染を防ぐために環境党をつくろうと有志が集まって会員を募っているチラシを見て応募したのが入党のきっかけだと語っている。リーダーシップも強く、熱心で、環境党になくてはならない存在となっている（Birger Schlaug "Svarta oliver och gröna drömmar" Norsteds, 1997. を参照）。

これとは別に、貧しい生活背景があるわけではないが、スウェーデンでもっとも有名な政治家であるウーロフ・パルメ（Olof Palme）について紹介しておこう。名門で資産家で保守的な両親に育てられ、王族とともに学校に通っていた彼は、その育ちとは逆に、国民の均等と平和を願う社会民主党の党首になり、福祉の繁栄に貢献した。数ヶ国語を自由に操る雄弁な彼は、国際舞台でも渡り合えるだけの秀でた説得力と表現力をもっていた。残念ながら暗殺によって亡くなったが、彼の天才的な政治能力は誰しもが敬服していたであろう（Jonas Grummesson "Olof Palmes ungdomsår" Ekerlids Förlag, 2001. を参照）。

このように、背景はどうであれ、政治家には誰でもなれるし、政党も新しくつくることができるのだ。どの政党につくかは、自分のイデオロギーとその意志で決められる。大工でも、教師でも、コンピュータのプログラマーでも、学生でも、主婦でも、政治に興味さえあれば誰でもが政治家になることができるのだ。

子どものなかには、当然、自分の両親や親戚が政治家をしている人もいる。そういうときは、その人たちをクラスに招いて話をしてもらうこともある。この国の政治への好奇心や興味は、こんな風にして小さいころから育まれるのだ。

マルメにあるリンデボルグ（Lindeborg）学校では、三年生から五年生が一緒に学ぶ年齢混合の学級で、あるテーマ研究が成された。これは、政府がアフリカのセネガル（Senegar）のダカール（Dakar）市で開かれる国際教育シンポジウムに代表者を送ることを決定したことがきっかけとなっている。世界各国にある学校ではどのような教育が成されているのか、グループワークで調べて実際に自分たちも体験してみようというものだった。

アフリカでは、一クラスに六〇人もの生徒がいるということに子どもたちはまず驚いた（スウェーデンでは二〇～三〇人）。また、アイルランドのある学校では、氷点下という冬の寒い日にも、教室に暖房がなく外気と同じ状況のなかで勉強しているということも知った。規則が厳しく制服がある学校、給食もなく粗食で貧しい学校、そんななかでみんな勉強している。制服もなく自由で豊かな給食のあるスウェーデンの学校では、裕福なのが当たり前のようになっている。

リンデボルグの教師は、グループワークで学んだことを実際に体験させようと考えた。教師が定めた、白いシャツに黒っぽいズボンやスカートを着てくることを子どもたちに指示した。制服を着ることを体験させたのだ。そして、さらに給食には一週間続けて食パン一切れしか出さなかった。保護者に対しては、もちろん事前に説明会を開いて協力を得ている。

こんな風に実践を通して世界の学校状況を学び、スウェーデンでの学校の自由と豊かさを再認識させ、発展途上国への援助や協力を学んだのである。成績表がない生きた教育というものは、こんな風にして行われるべきではないだろうか。

クラブ活動

スウェーデンの学校には、教師が顧問をするクラブ活動などはない。地域には、コミューンが運営する、あるいはコミューンの補助金で委託運営するスポーツクラブや文化サークルがたくさんあり、興味と年齢にあわせて、子どもから老人までがそのサークルに参加することができる。クラブ会費をもちろん支払うので、日本でいうスイミングスクールやバレースクールなどと同じ形態だ。ただ、その会費は非常に安いものだ。スイミング、ダイビング、サッカー、陸上、演劇、ダンス、乗馬、テニス、アイススケートなど種類も豊富で、毎年新しい学期が始まるころになると、メンバーを募るチラシやパンフレットが新聞とともに各家庭に届けられる。子どもたちは興味あるものに参加して、そのますぐに熱中する子どももいれば、あれこれいろいろなサークルを試してから自分にあうものを選ぶ子どももいる。それとは反対に、自分にはクラブ活動はあわないと悟る子どももいる。それはそれとして貴重なことだ。自分の能力にあった適性を知ることも、成長過程においては非常に重要なことであろう。だから、地域には選択性のクラブやサークル活動が豊富にあるわけだ。

私の息子も、目と鼻の先にあるサッカークラブへ七歳のころに通っていた。友達のお父さんたちが、ボランティアでクラブのリーダーとして熱心に指導していた。集団のスポーツで小さいころから走り回っていると身体を鍛えるのにもよいし、友達もたくさんできると思って参加させていた。年に一度は親子対戦のサッカー大会があって、三々五々集まる親同士の交流もあり会話が弾んだ。子どもたちはといえば、日ごろの成果を見せようと張りきっている。いざ始まると、サッカーなど一度もしたことのない親もいて、ルールも分からず笑いの連続である。クイズあり、ビンゴあり、くじ引きありで、楽しい一日であった。

しかし、息子はサッカーは自分にあわないといって一年で辞めた。それから、アイススケート、テニスといろいろなクラブを転々として、いつのまにかギターに興味をもち、友達とバンドを組んで楽しんでいる。

個人教育が主体の学校とは違って、こういうスポーツクラブでは集団の面白さを味わうことができる。コミューンが援助しているおかげで、すべてのクラブの会費はさほど高くはない。乗馬などは小学校の女子生徒のベスト1となる人気で、一学期間（五ヶ月）一〇回から一二回の乗馬レッスンで一三〇〇クローナ（約一万五〇〇〇円）である。乗馬用のヘルメットなども、初めのうちはほとんどクラブで借りることができる。体が大きくなって使えなくなった道具類はクラブの掲示板や新聞で売買や交換ができるので誰しもが徐々に揃えていくことができるので、「乗馬はお嬢様のスポーツだ」ということはこの国では言えない。一歩都心を離れればウマやウシが牧

クラブ活動の乗馬

場に放牧されている光景を日常見ているスウェーデン人にとっては、乗馬は気軽にできるスポーツの一つである。日本では金持ちのスポーツとして人気のあるゴルフやテニスも同様である。

学校で必ずする（教えるではない）スポーツとしては、水泳とアイススケートがある。誰しも水泳だけは、溺れないためにも、自転車に乗るのと同じようにクラブへ通って練習する。学校内に室内プールがある所もあれば、公共のプールを利用する学校もある。スケートは、冬季にマイナス一〇度くらいの日が続くと、市内にある幾つもの池が凍結するのでそこを利用して行う。公園内でも人工のリンクが設置され、冬場のスポーツとして最適なスケートを豊かな自然環境のもとで行うことができるのだ。学校も授業を変更して課外授業としてこの自然のリンクを利用するし、市民もまた週末や余暇には喜んで利用している。

この自然のリンク場はコミューンが管理しているのですべて無料だが、スケート靴は各自が持参することになっている。成長期の子どものために中古のスケート靴を専門に売っている店もあり、フリーマーケットや新聞などの紙上で買い求めたり交換することもできる。北欧に生まれた子どもたちが、スケートを十分にする機会に恵まれているのがお分かりいただけると思う。まあ、今ではローラースケートが一般化しているので、滑ることに関しては冬も夏もなさそうだが。

このように、クラブ活動やサークル活動はすべてのスウェーデン人にとって生活の必需品とも言えるほど重要なものである。スウェーデン人が余暇を十分楽しむ方法を知っているとするならば、幼いころから好きなことに熱中するという体験が豊富にあるからかもしれない。

児童虐待

スウェーデンでは、すでに児童虐待禁止法が一九五二年に設立されたが、家庭内の躾としての体罰までは法によって罰せられることはなかった。しかし、一九七一年、四歳になる女児が体罰を受けて死亡したことがきっかけで、「社会における児童権利協会」という子どもを保護する協会、「ブリス（BRIS：Barnens rätt i samhäll）」が発足した。

母親と同棲中の義父は毎夜遊びに出歩き、子どもを折檻し、睡眠薬を飲ませていたりしたという。近所の人がかなり以前から気がついていたにもかかわらず、死亡してしまった事件であった。

ブリスは「子どもの権利を守ろう」と児童虐待禁止法を改良する運動をし、ようやく一九七九年、政府は児童虐待の全面禁止を唱える新たな法律を掲げた。学校でも家でも、たとえそれが躾と称されても、体罰は全面的に禁止となった。ブリスでは、児童の権利保障や子どもがもっと積極的に社会参加できるように、また、もっとより良い子どもの育成条件が獲得できるようにと今なお精力的に活動を続けている。たとえば、全国的な児童救済のために二四時間受付可能な電話相談を設けたりしている。すでにそこには、年間九〇〇〇人もの子どもが、イジメ、家族紛争、性の悩み、友情、虐待、近親相姦などについて助けを求めてきている。ブリスは常にマスメディアと協力し、政治家を動かし、社会一般に児童の権利を主張し、意識改革するべくインフォメーションを一般市民に対して行っている。電話に出る相談員は児童への対応もうまく、また知識も豊富だが、それだけではなく、幅広い専門職員のスタッフを常に常駐させてさまざまな質問および相談に対して答えている。病院、医者、児童を預かる一時養護施設、母子で逃げられる駆け込み寺のような施設、そのほか精神科、ソーシャルワーカー、警察などに臨機応変に対処して、これまでにたくさんの子どもたちを救っている。各学校では、ブリスのポスターや電話番号を掲示板に張ったり、パンフレットを配布して手軽に電話をすることができるように宣伝に努めている。ポスターには有名人（俳優や女優、ポップスターなど）の幼いころの顔写真が掲載されており、「私もイジメられていた。困ったときにはブリスに連絡するように」と促している。

図7　ブリスのポスター

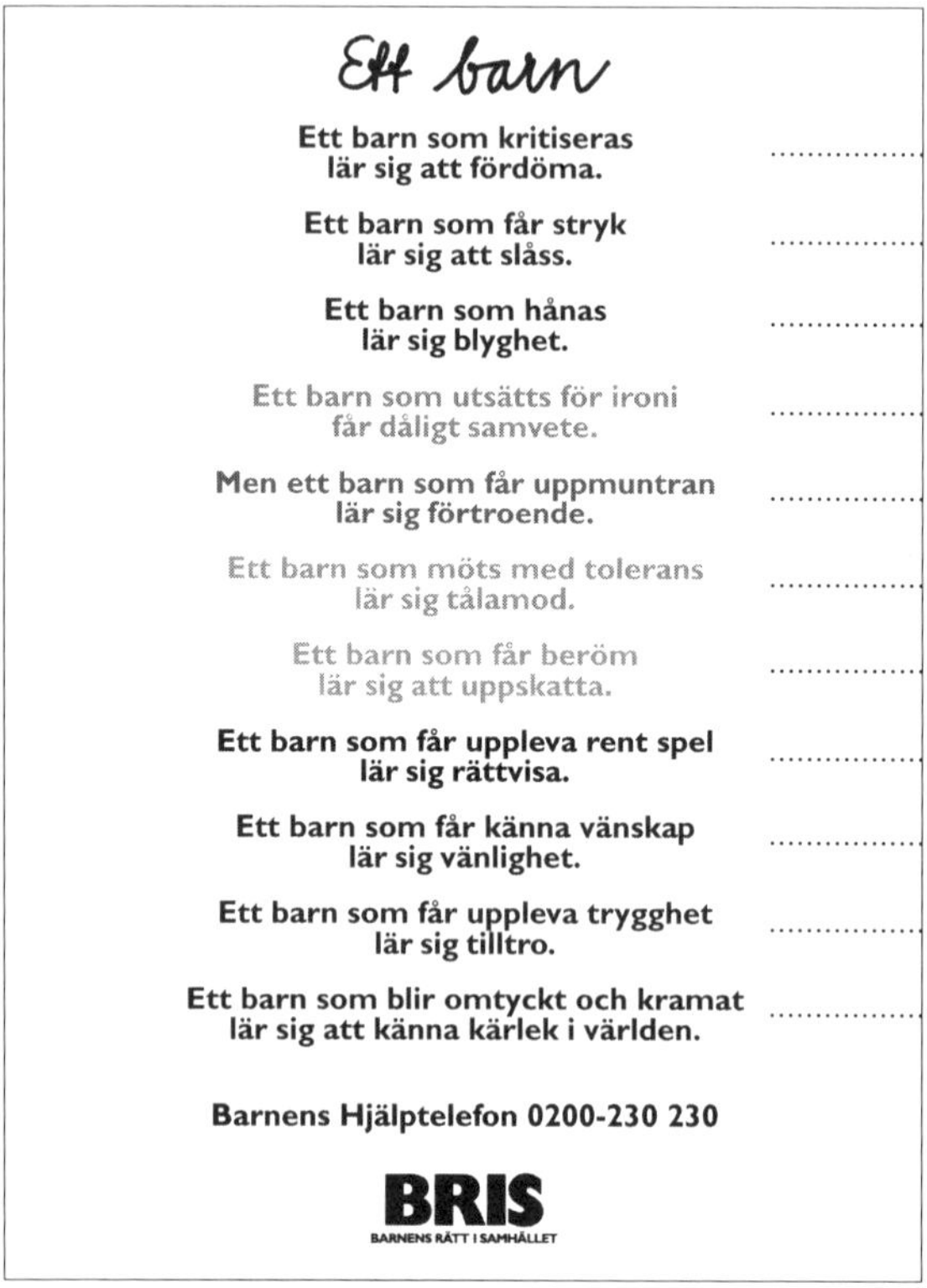
Ett barn
Ett barn som kritiseras lär sig att fördöma. ①
Ett barn som får stryk lär sig att slåss. ②
Ett barn som hånas lär sig blyghet. ③
Ett barn som utsätts för ironi får dåligt samvete. ④
Men ett barn som får uppmuntran lär sig förtroende. ⑤
Ett barn som möts med tolerans lär sig tålamod. ⑥
Ett barn som får beröm lär sig att uppskatta. ⑦
Ett barn som får uppleva rent spel lär sig rättvisa. ⑧
Ett barn som får känna vänskap lär sig vänlighet. ⑨
Ett barn som får uppleva trygghet lär sig tilltro. ⑩
Ett barn som blir omtyckt och kramat lär sig att känna kärlek i världen. ⑪
Barnens Hjälptelefon 0200-230 230
BRIS
BARNENS RÄTT I SAMHÄLLET

① 非難された子どもは偏見をもつ。
② 叩かれた子どもは乱暴になる。
③ あざけられた子どもは引っ込み思案になり、
④ 皮肉ばかり言われる子どもは、良心の呵責にさいなまされる。
⑤ しかし、励まされる子どもは信頼することを学び、
⑥ 寛容さに出合う子どもは忍耐力を学ぶ。
⑦ ほめられる子どもは喜びを学び、
⑧ 公平さを経験した子どもはフェアプレー精神を学ぶ。
⑨ 友情を感じる子どもは親切さを学び、
⑩ 平安を知る子どもは、人を信用することを学ぶ。
⑪ そして、愛され抱擁される子どもは世界に愛があることを学ぶ。

乳幼児保健センターに行けば、一番目のつくところにピンク色のポスターが貼ってある。子どもの育て方を要約しているブリスのポスターである。著名な絵本でもある『ウサギの妹よ（*Lilla syster kanin*）』（Ulf Nilsson / Eva Eriksson, Bonniers, 1983）には、叱ってばかりいると子ウサギは歌わなくなるという節がある。お兄さんウサギが、親ウサギが出稼ぎに行っている間に妹の面倒をみる話なのだが、動き回る妹ウサギを捕まえてオムツをつけようとする兄ウサギの苦労は、人間の子育てにも匹敵するユーモアのある話である。

どんなことがあっても手を上げてはいけない。親が子どもを叩けば、子どもも親を訴えることができる。暴力を振るう教師は学校にはいらない。力で子どもを服従させるのではなく、対話で子どもが納得のいくまで説明する。これが、スウェーデンでは常識である。

長年教師をしてきた友人に聞いたところ、ひと昔前の生徒と今の生徒では対人関係が全然異なるという。

「生徒の態度や行儀は、確かに落ち着きがなくなったり、物を大切にしなくなったりと悪くなってはいるけれど、以前のように生徒は生徒、教師は教師と分かれていないし、生徒と教師との間に自然なコミュニケーションが生まれてきている。オープンマインドで、生徒と教師との距離が短くなって私は今のほうが数倍楽しいし、良いことだと思っている。生徒の表情は、今のほうが断然明るいですね」

対話式の現在の教育では、教師の多大な忍耐力を必要とし、そのほかに論理と表現能力をも要求される。暴力はいけないと頭では分かっていても、反射的に手が動く親や教師もいる。一見すると当然のような法律だが、かなりの忍耐力が要求される法律でもある。

私の娘が通っていた小学校で事件が起こった。技術家庭の木工の授業の最中に、教師が子どもを殴ったという。新聞では、デカデカとこの事件のことを報道していた。子どもの母親は教師を警察に訴え、校長からの釈明を要求していた。

木工の授業は、小学校に入学すると同時にかなり本格化する。壁掛けや木製ナイフやトロールをつくったりと、実用的な工作授業は生徒たちにも人気があり楽しみな授業の一つである。しかし、電動ノコギリやドリルなど、危険な装置がいっぱい置いてある部屋で行うために非常に危険をともなう授業でもある。人数も少なくしてグループ分けで活動はしているが、教師の責任は重大である。ちょっとふざけるだけで子どもの指は飛びかねないし、実際に、機械に長い髪が巻き込まれて大怪我をした女の子もいた。だから、教師の指示に従って生徒も動かなければならない。

この木工の授業時間に、教師が生徒を殴ったというのだ。この教師はもうすぐ定年という経験豊富な教師であり、物静かな教師としても知られていた。だから、その教師が生徒を殴ったと知らされたとき、すぐには信じられなかった。娘のクラスではなかったが、こういう話は学校中にすぐに知れわたる。娘にその真相を聞くと、何とこれまでに何度も問題を起こしていた二人組みが理由であった。教師の指示に従わず、暴れ回っていた二人の生徒を引き離そうとした際に子どもが毒づき、唾《つば》を吐きかけたそうだ。反射的に、教師の手は生徒の頬をはたいていたらしい。老齢の教師も、度々の授業妨害でついに堪忍袋の尾が切れたようだ。

この事件後、教師は学校には現れず、急きょ病欠となりそのまま退職した。ちょうどそのころクラスの保護者会があり、この事件のことが話題に上った。みんなの意見は、殴った事実は悪いが、圧倒的にこの教師の気持ちが分かるというものであった。そして、このときにクラスPTAの代表者であった私は、花束の絵のついた一枚の見舞いカードをクラス代表としてこの木工教師に送った。このカードで、クラス全員がサポートしていること、一日も早く学校へ戻ってきて欲しいことを伝えた。あと一年ほどで定年退職になるという順風満帆だった教師生活が、このような汚名のもとに断ち切られる無念さは計り知れないだろう。のちにお礼のカードが届いて、みんなのサポートが嬉しかったと書かれてあった。でも彼は、二度と教壇には戻ってこなかった。

知人に、二年で木工の教師を辞めた人がいる。彼の話では、近ごろの子どもの授業態度は凄まじく、恐ろしくて授業にはならないという。クラスには常に二、三人の授業妨害をする活発な男子生徒がおり、静かにするようにいっても聞かないし、説明しても分かってくれないし、いつ大怪我をしてもおかしくないような状況のもとで授業を進めるのは危険すぎるし、それを管理するだけの勇気は自分にはないといっていた。

私は仕事がら、障害児の学校環境を考えるために木工の授業にも度々参観しているが、せっせと手を動かしてヤスリをかけ、ボンドで板を貼り合わせ、ハンマーで釘を打ちつけている熱心な生徒を見ていると、とても知人のいうようには思えない。クラスによっては生徒の組み合わせの悪いところもあるだろうから、運が悪かったのかもしれない。

とにかく、この事件は児童虐待法が逆に利用されたようにさえ思えるし、一つの事件に対して正しく評価することの難しさを改めて思い知らされた。

また、こういうこともある。異文化で生まれ育ったた子どものなかには、口で叱ってもいうことを聞かず、叱られていること自体を理解せず、親から殴られたり蹴り飛ばされて初めて悪いことだと知るという場合もある。対話形式を重んじるスウェーデンの学校では、そのためにたくさんのトラブルが生じている。親子の間に真の愛情があり、心が通っていれば話し合いだけで十分済むと友人の教師はいう。また、体罰はどうしても子どもの心に傷を残してしまう、子どもの教育を考える前にまず親の教育をしなければならないともいう。

叩かれて育った子どもは親になったときに叩いて躾をするし、またそのことを肯定するようになってしまう。叩かないと過保護になるといわれることもあるが、それだとスウェーデン人すべてが過保護で甘い人種ということになる。そんなことはありえないわけで、簡単にいえばスウェーデン人は根っからの平和主義者なんだろう。

とにかくも、こういう法律ができるということは、ここスウェーデンにも虐待対象児がいる証拠であるし、実際に、身体的、精神的に虐待される子どもは少なからずいて、一年に七、八件は新聞などでクローズアップされている。

産後の育児ノイローゼ、アルコール中毒、薬中毒、精神病などを抱えている両親など、社会的ネットワークの乏しい家庭に突発的な児童虐待が多い。さらに、前述したが、移民など文化や価値感の違いから生じる児童虐待のケースも多い。子どもが奇声を上げたり悪いことをすればすぐさま折檻して悪いと教え、そしてすぐさま頭をなでる。このような一瞬芸のような躾に慣れている中近東からの子どもたちは、スウェーデンの学校があまりにも温和で理解できないようだ。ついつい、奇声を上げて授業を妨害してしまうということが起こる。

学校の教師が授業妨害について家庭に連絡すれば、親は恐縮して、怒って子どもを殴るという行為に出る。教師は子どもへの信頼を裏切る形になりやすく、また学校への信頼も薄れてしまうなど、問題は山積みとなっている。さらに、女児が初潮を迎えるやいなや無理やり結婚させようとしたり、それに反抗する娘を親は殴る蹴るして死に追い込んだ例もある。ほかにもスウェーデン人のボーイフレンドができたというだけで、親兄弟が揃って家名を汚したとして娘を監禁して暴力を振るうなど、女性の存在価値が非常に低い文化もある。

つい先日も、嫌がる娘をイラクまで騙して連れていき、抵抗する娘に郷を煮やした父親とその兄弟が拳銃で娘を殺害している。イラクの裁判では、それが家名の名誉保護のために強いられた名誉殺人であると判定して父親と兄弟に執行猶予の判決を下した。これには、スウェーデン人たちは驚き呆れた。実際に手を下した父親と兄弟は意気揚々とスウェーデンに帰国したのだが、すぐにスウェーデン警察によって逮捕された。一部始終を見ていた証人でもある殺された女性の妹は、家族や親戚を敵に回し、自分の命すらも惜しまないで父親と兄弟を告訴したのだ。どういう結果を招くかは興味のあるところだが、ダブルカルチャーのなかで起こる悲劇はこのように後を断たない。

スウェーデンの学校では、主体性を尊重する教育をしている。そして、その教育を受けている移民の子どもたちにとって、封建的な風習に固執する親との間に文化的な断絶が生じてしまうのは揺るがせない事実である。

児童虐待防止のために、行政はさまざまな努力をしている。子どもに打撲傷の青あざなどがあれば、保育園や学校の教師は警察に通報する義務が課せられているし、病院の医療職員も不信な症状があれば即刻通報することになっている。民間の協力も促し、近所の人たちが子どもの悲鳴や暴力行為があるのではと懸念される場合は、警察へ匿名で通報できるようにもなっている。

スーパーマーケットの駐車場で子どものほっぺたを殴ったとして訴えられた親もいるし、お風呂で髪の毛を洗うのを嫌って泣きわめいていた子どもの泣き声で通報された人もいる。一時期は児童福祉法の力も強く、民生委員が子どもを強制的に保護した時代もあった。社会的に過剰介入しすぎた気もあるが、虐待そのものを撲滅するためには少なからず成功したのではないかと考える。今では、すっかり児童虐待禁止法が社会意識のなかに浸透している。コントロールできない怒りを幼子にぶつけるというような無意味な虐待自体は、かなり少なくなっている。

視察に来たある日本人から、障害児をもつ親が子どもを虐待するかどうかと尋ねられた。障害児を虐待するという質問自体が私には不思議でしょうがなかった。「どうして、そんな質問が出てくるのか？」と逆に尋ねると、日本では障害児を虐待する親が多いというのである。そういわれてみれば、日本での知人のSさんは盲人なのだが、非常に苦しい幼少時代を過ごして、親からは「お前が生まれたばかりに自分たちに負担がかかる」といわれ、何度も親から罵しられたといっていた。他人の目に頼らないと生きていかれない盲人の彼女は、本当につらい目にあいながら施設で過して今も一人で頑張っているが、虐待同様の体罰はいつも受けていたという。そのことを思い出して、このような質問にも納得した。

でも、スウェーデンでは障害児が生まれれば逆にコミューンや国がさまざまな形でサポートしてくれるので、虐待が起こりにくくなっている。もちろん、すべてをお膳立てしてくれるわけではないが、親への援助はあまたなくある。

たとえば、ショートステイホームもあるし、LSS法という障害者への特別保護法でヘルパーアシスタントが雇えるようにもなっている。親は、それまでもっていた仕事をそのまま続けられるだけの

ショートステイホーム（korttidshem）

24時間ケアのホームで、介護者が一時的に高齢者や障害者を預けられる施設。週末や２週間単位に定期的に利用する人もいれは、必要な時だけ利用する人もいる。

両親や家族の負担を軽減するためや、介護者が旅行するときなどの臨時利用もできるようになっている。

経済的援助もある。障害児であるわが子の世話のために仕事を辞めたければ介護手当てが出る。必要な住宅改造も補助機具も、すべて無料で援助してくれる。つまり、経済的な負担は一切かからないのだ。むしろ例外だが、障害児の子どもがいることによって逆に豊かに暮らしている人もいるくらいだ。

障害児だからといって、虐待したくなるほど親は決して追い詰められない。むしろ、虐待されるのは、社会的ネットワークの乏しい不器用なアウトサイダーの人間や、ダブルカルチャーの狭間にいる子どもたちに多い。

障害児教育

スウェーデンでは、誰しも七歳になったら学校へ行く権利をもつ。これは誰しも、つまりどんな重複障害をもっていても義務教育を受ける権利があるということだ。権利があるということは、コミューンが責任をもって七歳児を受け入れなければならないということでもある。だから、障害をもって

LSS法（Lag om stöd och service）

1994年に元来の「社会サービス法」を改正して、特別に医療福祉サービスを掲げて制度化したものである。この法律では、特定の機能障害者を三つのグループに分けて、個別援助、ヘルパー所有の時間、ショートステイホームなどの利用権、さらにパーソナルアシスタントなど個人で雇用できるようにした。グループの対象者は、①知的障害者、自閉症、②事故や病気の後遺症で脳障害のある人、③重複障害をもち、日常生活に支障をきたす人、となっている。

いる子どもが居住地のすぐ近くにある学校へ行きたいと要望するならば、コミューンはその受け入れ態勢を全力をあげて整えなければならない。たとえば、その障害児のニーズによって一人の専属アシスタントを雇用し、歩いて通学できなければコミューンと契約しているタクシー会社を利用して送迎の準備を整えるなどである。一日の授業が終わってからも、両親が仕事をしている場合は、学校と学童保育の間をタクシーで通うことも必要になる。

スウェーデンで障害児が普通学校へ通うのが可能だということは、日本のように健常児と同じ授業を受けて、同じ速度で学習するということが平等であり、統合されていると思われているのとは少し意味が違う。つまり、障害児が自分の持ちうるかぎりの能力を発揮しながら必要な援助を受けて学校生活をエンジョイし、それを無事終了するというものなのだ。

スウェーデンの小学校の低学年は、先にも述べたように多くても二五人ほどで、生徒はグループ別に授業を受けたり、輪になって座って授業を受けている。基本的なことは一斉に教えるが、授業中、教師は生徒の周りを常に歩き回り、個人の能力にあわせてそれぞれの勉強をしている子どもたちに手助けをしている。大まかな時間表はあるのだが、今算数をしていたかと思うとすぐに音楽の時間になったり、国語の時間になったりと、わきあいあいと授業が進んでゆく。

授業の進行は担任の教師に任されているので、生徒が飽きてきたなと思えばほかのことを取り入れてもよい。所によれば、年齢混合のクラスも多く、小学校一年生から三年までが一緒、四年生から六年生までが一緒にという学校もある。それがゆえに、学習に遅れたために保護者面談で一年の留年が決定しても周りに気づかれることはない。三年間の低学年のところを四年通っても、自分の能力にあわせたゆっくりした学習ペースを保つことができるので、余裕のある授業ともいえる。このような学校だから、身体障害児や知的障害児が普通学校に統合されてもあまり違和感もなくクラスに溶け込むことができる。

知的障害や身体的重度重複障害をもつ子どもが普通学校に統合されない場合は、特別学校へ通うことになる。特別学校といっても普通学校の敷地内にあり、「特別学級（Särklass）」と「訓練学級（träningskolan）」とに分かれている。知的障害の子どもたちは、特別学級でリソース（予備援助）の豊富な授業を受けている。教師もアシスタントも普通クラスよりは多く、授業内容も個人の能力により対応したものとなっている。訓練学級はほとんどがマンツーマンで、寝たきり同様の受動的になりがちの生徒たちを積極的に社会参加できるように活動を広げている。また、感覚統合できる「スヌーズレン」という環境設置方法を利用し、重度重複障害者への教育に取り入れている。そして、我々ハビリテーリングセンターのスタッフが出張サービスして訓練するのもこの訓練学級が多い。

重度重複障害でも知的能力が普通であれば、それに対応した統合教育が成される。ターバンのように頭に取りつけたレーザーポインターでコンピューターを動かし、言葉もなく四肢も動かない子どもがちゃんと通学している。医療と教育とが密接な関係をもち、障害児とその家族のネットワークを広げているといえよう。

スヌーズレン（Snoezelen）

1970年代後半にオランダで、知的障害の成長発達を促進させるために全感覚を刺激する環境を設置したのが始まりである。その後、イギリス、スカンジナビア、全世界へと浸透し、各地にスヌーズレン施設が設立されている。これは知的障害をもつ人だけではなく、身体的障害、精神病、痴呆症、さらに普通の学校などでも重要視されるようになってきている。環境設置は様々な工夫がなされており、ホワイトルーム、暗室、ミュージックルーム、ジャクジーのあるバスルームなど、リラックスできる部屋や活動に適した部屋まである。これらの部屋に一定時間いることで感覚の統合を自動的に学びとることができ、そして共にいるセラピストとのコミュニケーションがより深まることに意義があるとしている。

スヌーズレンのホワイトルーム

算数の考え方

算数や数学に対しての考え方が日本とは少し違う。前述したが、授業にもいろいろなレベルがあって、各自にあったレベルで算数を学んでいる。高いレベルの者が低いレベルの者を見下すわけでもなく、コンプレックスをもつでもなく、自分のレベルで算数の問題を解いている。進歩すれば、それだけレベルがアップされていくシステムとなっている。中学生になったからといって誰しもが数学のⅠ、Ⅱ、Ⅲを学ぶのではなく、最低限必要な算数を基本に個人の能力によって学んでいるのである。要するに、難解な問題に無駄な労力を費やさなくてもよいのである。数学より語学や技術家庭を得意とする子どもにとってはこのうえなく喜ばしいシステムだし、数学を得意とする子どもにとっても、さらなるレベルアップを目指すことができる。

ところで、スウェーデンの計算方法は実に面白い。発想の違いというのかお国柄というのか、こちらはプラス思考で計算していく場合が多い。子どもの宿題を手助けするときなど、日本の方式とスウェーデンの方式とがごちゃ混ぜになって混乱してしまったことがこれまでにも度々あった。

たとえば、10－6＝4というひき算をする場合でも、10から6を取るのではなく、6に4を加えることで10になると考え、答えが4になる。答え自体はもちろん一緒なのだが、思考回路が異なることに気づいて欲しい。お店に行って六〇クローネの買い物をして一〇〇クローネ札を出すと、お釣りは四〇クローネとなる。このとき、日本の方式ではお釣りを渡す場合、一〇、二〇、三〇、四〇クローネと渡してくれる。ところが、スウェーデンではそうではない。物品が六〇クローネだから、七〇、八〇、九〇、一〇〇とプラス計算して四〇クローネを返してくれるのだ。

そのほか、算数の授業において出される問題にしても同じような違いがある。「6＋3＝〇」、「4＋8＝〇」と限定された答えを望む日本的な出題に対して、スウェーデンでは「〇＋〇＝12」、「〇＋〇＝16」など、当てはまるさまざまな数字を考えさせるようにしている。

割り算にしても、スウェーデン人はひと昔前までは、「階段方式」といって日本と同じように計算する方式だったそうだが、最近では「倒れた椅子方式」という計算の仕方をしている。単に、図式が階段や椅子に似ているからそう呼ばれているようだが、日本とまったく逆に数字の配置があるので、計算するときに目の錯覚が起こりやすく、ややこしくて困ってしまう。

このように、同じ算数の問題でも考え方が違う

算数の割り算

階段式

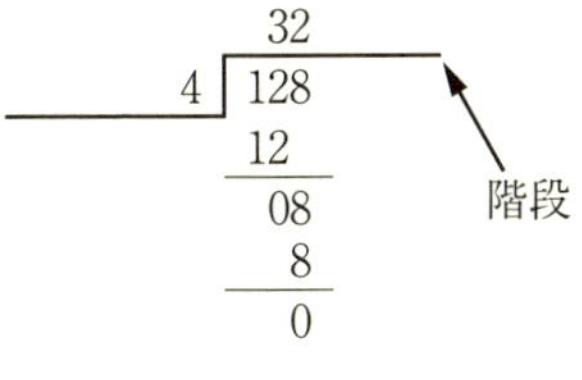

倒れた椅子式

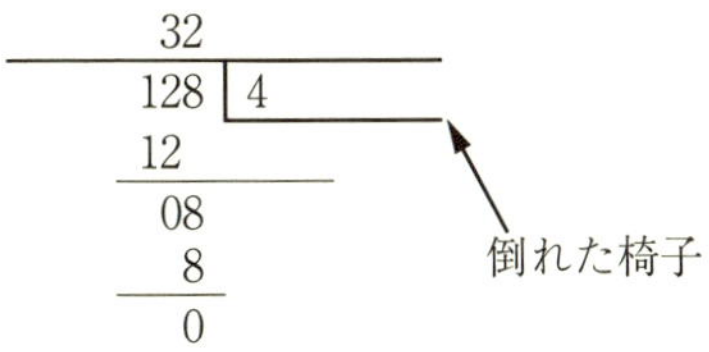

だけでこれだけ変わってくる。

時間についても、スウェーデンに来た当初何度か失敗している。歯医者に二時半の予約をしてその時間に行くと、「約束の時間は一時半です」といわれたりした。どうしてこのような誤解が生じるのかというと、スウェーデン語で時間をいうときには「二時に半時間前（ハーフトゥー）」といういい方をするからだ。ハーフ（三〇分）とトゥー（二時）だけが耳に飛び込んできて、思わず二時半だと思ってしまう日本人が多い。移民してきた人たちが、待ち合わせの時間をよく間違えたりするのはそのためである。

日にちを書くときも混乱する。4／8とは、四月八日ではなくて八月四日のことである。8／4と逆にすると四月八日になる。アメリカ式で日付を略すると二〇〇一年三月二一日は「032101」と書くことになる。それが、スウェーデンでは「010321」である。しかし会話では、曜日が先で、日付、月、年代とまったく日本と逆にいうのである。

すべてにおいてこのような相違があるので、算数をどこの国で学んだかによってズレや誤解が生じ易くなる。スウェーデン人が、移民をしてきた人たちは時間にルーズだと決めつけたり、移民してきた人たちがなかなかスウェーデン社会に溶け込めなくて苦労している現状を打破するには、案外こういうところに問題解決の鍵があるようにも思える。相手の気持ちや意見が対立しているとき、ふと視点の違いを振り返ることができれば納得のいくことが多いのではないだろうか。

ADHD（注意欠陥多動性障害）事件

息子が小学校五年生になったとき、一人の少年が同じクラスに転入してきた。転入といっても、息子の通う小学校と共同運営している同じ地域内にある小学校からだった。あまりに近くからの転入だったから、みんな不思議がって興味津々だった。

息子は人懐こい性格で、何事に対しても面白そうなものにはすぐに同調する。初めはすぐにこの少年とも仲良くなり、ワイワイやっていた様子であった。しばらくして、その少年が家に遊びに来た。たまたま私も家にいたので挨拶をしたのだが、握手をして自分の名前をいい、深々とお辞儀をする古風な挨拶をしたのでちょっと驚かされた。通常は、みんな「ヘイ！」といいながら片手を上げるくらいの軽い挨拶なのに、ずいぶん行儀のよい律儀な少年だなあと感心した。その少年が帰った後、息子の部屋へ何気なく入って驚いた。息子の知らない間に、至る所に落書きがしてあったのだ。ベッドの木枠や椅子や本棚までに、ご丁寧にその少年のシンボルマークとニックネームがボールペンで書かれていた。白木のベッドだったから、洗剤で洗ったくらいではなかなか落ちなかった。

その後、息子が語る彼の学校での行動には驚かされるものが多かった。その少年はＡＤＨＤ（一〇四ページのコラム参照）の症状をもつ少年で、専属のアシスタントが付き人としてついていた。そのアシスタントと少年は相性が悪いのか、少年は彼から逃げ出すのに必死で、アシスタントは彼のサポートをするよりも監視をするだけで精いっぱいだった。少年の行動はというと、休み時間に学校の雨樋をよじ登って四階の屋根に上がったり、給食のパンを集めて女の子めがけて投げたり、校庭のハトに石を投げて傷つけたり、ポケットナイフで女の子のスカートを切るというものだった。

表向きの理由はイジメが原因となっていたが、噂では前の学校で問題が続き、手に負えなくなってこちらの学校へ移ってきたという。

ある日、息子のシャツや上着やズボンが、泥と一緒にびしょ濡れになって洗濯籠に突っ込まれているのを発見した。何があったのか尋ねると、校庭に雨水がたまって広い水溜まりができたらしく、そこで遊んだという。まさかそれぐ

筆者の子どもたちが通ったリボスボルイ小学校

らいで全身が濡れるわけがないと思い問い詰めると、何とそこで泳いだともいうから開いた口がふさがらない。

その夜、意外なことに担任の教師から電話があった。以前、一度だけだが大切なことを確かめるためにさほど遅くない夜に担任の教師に電話した際、彼女と一緒に住んでいるサンボー（同棲者）が「夜まで電話をしてくるな」と怒っていたのを思い出す。公私を混同するな、とけじめをつけている教師がこちらでは多い。金八先生とまではいわないにしても、日本の熱心な教師の姿を見せてやりたくもなる（といっても、そのような教師の数も日本では少なくなっているように聞いているが）。

彼女は、息子がびしょ濡れになったわけを話してくれた。そのＡＤＨＤ障害の少年と息子が、休憩時間に全校生徒の見ている前で校庭の大きな水溜まりに寝転がって遊び、はしゃぎ回ったというのだ。まさか全身ズブ濡れのまま授業を受けさせられないので、乾いた服に着替えさせるために途中で家に帰らせたという。さらにその教師は、息子が他人に影響されやすい性格なので遊ぶ友達を選ばなくてはいけないと忠告してくれた。不信に思ってどういうことかと尋ねると、つまりその少年とは遊ばせないほうがよいというのだ。これには少々納得がいかなかった。私はこれまで、息子にはみんなと仲良く遊びなさいといってきた以上、これでは差別することになるのではないかと不満を感じた。

次の日、職場でＬＤ、ＭＢＤ症候群の指導をしているハビリテーリングセンターのスタッフに話を聞いてみた。その少年が、ハビリテーリングセンターと小児精神科の合同医療チームに登録されていたからである。また、私自身としては、センターのプロとしての立場と、面白いことをしでかす少年に簡単に引かれる息子の母親という立場に挟まれて、どう対処すればよいのかの判断がつきかねたからである。

スタッフがいう指導方法は、クラスの生徒や教師に少年の異常行動が病因からきていることを説明し、みんなの理解を得ることから治療を出発するというものだった。身近な人の協力を得て、彼をサポートしていかなければならないというのだ。しかし、実際に軽く同調してしまう息

MBD (Minimal Brain Damage, Minimal brain dysfunction)

1900年中頃から知的発達状態にムラがあったり、集中力に欠けて多動になったりする子どもには、脳に微々たる損傷があるとして微細脳損傷症候群と称して注目を浴びたが、その後「damage（損傷）」ではなくて「dysfunction（機能障害）」であるという風に名称が変わってきた。さらに最近では、脳損傷よりも異常行動の症状に重点をおいた呼び方で、DAMP：Deficits in Attention, Motor control and Perception（注意欠陥運動機能障害）、あるいはADHD：Attention Deficit hyperactivity Disorder（注意欠陥多動性障害）、LD：Learning disability（学習障害）と呼ばれている。自閉症もここに含まれる。

いずれも、感情の起伏が激しかったり、コミュニケーションが上手くとれなかったりと日常生活に支障をきたすために周囲のアシスタンスが必要となる。現在では対処方法の研究も進み、周囲の理解と特別訓練で症状も緩和できるために、保護者、医療、教育さらに社会全体が共に協力しあって指導環境を築くように努力されている。

子を見ると、危険なことからは守りたいと思うのが親の心情ではなかろうか。

しかし、教師がすすめるようにその少年と遊ぶのを禁止するわけにもいかない。ADHD障害をもつ子どもを統合し、包括的に教育をする現場も考えなければならない。あれこれ思案しているうちに、息子は少年とは関係なく不慮の事故で腕を複雑骨折してしまい、一週間の入院を余儀なくされた。日本だと全治二ヶ月という診断のでる骨折だが、スウェーデンでは入院期間が非常に短く、自宅での安静期間をゆっくりとって三週間ほどで学校へ戻っていった。しかし、以前ほどは行動範囲も広くなく、おとなしくしていたようだ。

そんな折、緊急保護者懇談会が開かれた。事情を知らなかった私は、息子の事故を心配してくれたみんなにお礼をいおうと勇んで出掛けていったが、何と懇談会の内容は、そのADHD障害の少年がクラスの授業を妨害して授業にならないからどうすればよいかという深刻なものであった。今まで、学校全体でも静かなクラスと評判がよかっただけにそれぞれの親は興奮していて、唾を飛ばすほどの攻撃的な発言となった。

「授業中に高笑いしたり、大声で話したり、先生にすぐに食ってかかったり、クラスから飛び出たり、とにかく授業ができる状態ではない！」

「この間なんか、娘に聞いたのだけど、三階の窓から雨樋を伝って下りていったとか」

「屋根にもしょっちゅう上がって、用務員さんを手こずらせているそうよ」

「もっとひどいのは、飛びだしナイフを持ってきて女の子を脅したことです！」

「うちの子のスカートは、ナイフで切られていたのよ！」

「アシスタントは若いし優しすぎる。でも、その人も学校側の予算が足らなくて、クビになるかもしれないそうだ」

次々と苦情が出され、リンチでもやりかねない剣幕だった。ＡＤＨＤ障害の少年の親がいないだけに、討論はエスカレートしていった。アシスタント費用の話題から学校の予算の話題になり、居住地区の予算があまりにも少ないという話にまで飛躍した。こと経済の話になると、移民に社会保障金額をもっていかれるという偏見から、移民への感情がよろしくない。こういう話になると、私は日本人であって移民の一人になるので、非常に居心地が悪くなる。保護者の輪のなかで、なるべく見えないように透明人間になりすます。

やがて、このＡＤＨＤ障害の少年の親を交えて、もう一度緊急保護者会を開こうということになった。そして、その当日、勇敢なるその母親は、精神科で働いている心理療法士を連れて現れた。心理療法士は、保護者たちにＡＤＨＤとは一種の病気だから周囲の人は寛大でなければならないと説明した。寛大という言葉は私も好きだが、クラスの保護者たちはそれだけでは納得がいかなかった。寛大さにも限度がある。寛大な気持ちをもっていても、現実に授業ができなくなって一ヶ月以上になっている。この緊急時に「寛大な心をもて」といわれてももてないというのがみんなの本心だった。それでは、実際にどうするか。その対策を考えるための集会なのである。母親は、少年の良いところをたくさん挙げてみんなの協力を得ようとした。

「息子は誰にも恥ずかしがらないで話しかけ、すぐにたくさんの友達ができます。私は、息子を連れて昨年タイ国を回りました。そのときも、地元の人との交流のきっかけは全部彼がつくってくれたのです。魚を釣る人たちとも仲がよくなって、一日中、魚を釣っていました。言葉は通じなくても、地元の子どもたちとすぐに仲良しになり遊んでいました」

淡々と語るこの母親の存在は、健気《けなげ》で敬服するものだった。そして、みんなからやり玉に挙がることを承知で来ている勇敢なる母親だった。離婚話の真っ最中らしく、父親は姿を見せていない。作業療法士というプロとしての私は、拍手喝采で両手を上げて受け入れてあげたかったが、軽々しく同調してしまう息子のことを考えると賛成もできずに躊躇していた。私の心のなかにも、両方の声がぶつかりあっていたのだ。

確かに、誰にでも声をかけて人懐こい性格のその子どもは友達もすぐにできそうだし、息子もその子が好きらしい。別段問題はないと思うのだが、授業中に騒いでみんなの注目を集めようとする自己顕示欲が異常に強く、さらに欲求も抑制できず、すぐに暴力的になり度々授業妨害という行動に出るのは事実だった。

しかし、担任の教師の話によると、自分の授業には何ら支障がないと断定しており、むしろ授業を進められないほかの教師の無能さを彼女は非難した。リーダー格の保護者は、体育の時間、歴史の時間、社会科、技術家庭の時間など、担任の教師ではない専門教師の時間がほとんど授業にならないから、それをまず何とかしなければならないと訴えた（小学校五年生にもなると、担任だけの授業は少なく大半が専門科目となる）。たった一人の生徒のために、二〇人が犠牲になるのはおかしいともいった。

その人に対抗して、精神科医でもある一人の保護者が発言した。その人の息子はおとなしく、逆に内気でいつも一人で遊んでいて勉強もよくできた。その人は、喜んでその少年を受け入れるといった。精神科医としての責任感からの発言かもしれないし、彼もプロとして、また親として迷ったのかもしれない。でも、その少年からの影響が彼の息子には一番少ないがゆえの発言ということもあるだろう。

しかし、その人以外は誰も納得しなかった。長い沈黙が流れた。やがて重苦しい議論の末、担任が私以外にもその少年に同調する子どもたちの保護者へ電話して、その少年と遊ばせないように忠告していたことが暴露された。ということは、少年を孤立させようとしていたのか？　同じ地区の学校から、住所変更などの理由もなく教師同士の密談で少年を自分のクラスへ勝手に転入させ、表面では少年を受け入れて責任をもって同等に扱うことを約束しながら、その裏側では保護者へ遊ばせるなと忠告する。そんなずる賢さは、担任にあるまじき行為である。非難の矛先が、その少年からダブルモラルの担任へと移っていった。

そもそもこの担任は、前年度の学校予算の関係でクビになるところを、反対運動をしてくれと保護者たちに懇願した人である。我々は、そのときも緊急保護者会を開いて対策を練った。保護者たちは産休や育児休暇や病欠などで代理に来る教師の数を少しでも抑えようと、安心感の得られるこの担任に継続してもらうわけにはいかないだろうかと、みんなで署名したうえ校長に嘆願したのだった。校長だけでは心配で、地域の教育委員会にも運動して担任である教師の彼女を引き止めるのに成功したのである。それだけに、今回の出来事は裏切り行為とみんなに受け取られ、保護者の不満が爆発して、不信感だけが後味悪く残ってしまった。

結局、少年は、彼の病的ニーズを優先して、特別に人数の少ないサポートの豊富な特別教育学級へと転入することになった。それからも教師と保護者の間はぎくしゃくして、彼女は出産を機に産休や育児休暇をとって逃げるように去っていき、ほかの教師がやって来ることとなった。保護者たちにとっても、これは苦い経験となった。

ADHDを含めるLD児（学習障害）を受け入れるために、通常、普通学校ではいろいろな準備をしている。専属のアシスタントを雇い、普通の授業に差し支えがないように包括的に授業を進めて成功しているクラスも実に多い。

ハビリテーリングセンターで私の受け持つADHD障害の四年生に

特別教育学級（Särskildundervisningsklass）

94ページで述べた「特別学級」とは異なる意味をもつ。特別学級は知的障害をもつ子ども、あるいは重複障害をもつ子どもが通う学級だが、ここは、普通知能をもちながら異常行動や学習障害など、何らかのサポートが必要な子どもが行く学級。この学級は必要に応じて編成される学級なので、すべての学校にあるとは限らない。

なるべき男の子は、年齢混合の普通学級に通学している。一年生から三年生までが一緒のクラスなのだが、四年生になるときに保護者面談があって、読み書きの基礎知識が少し劣っている彼は一年間留年することをすすめられた。親自身も、読み書きを習うのに手間取ったから、ゆっくり時間をかけて学校へ行けばいいと納得している。もちろん、親が望めばそのまま四年生に進級することも可能であったが、四年生になると難しさの増す授業内容についていくことができず、ますます劣等感を植え付けられるかもしれないと考えた親は留年を選んだ。年齢混合のため、クラスの仲間も顔ぶれはあまり変らず違和感もない。その子は、意気揚々と学校に通っている。

このように、まず初めに機会均等な統合制度を配慮し、普通学校で可能なかぎり統合教育を進めるのがスウェーデンでのやり方である。だから、私が語ったADHD事件は例外中の例外だ。

重度のLDや自閉症をもつ児童にとっては、その道に詳しい経験の豊富な専門スタッフがたくさんいる、受け入れ態勢の整った特別教育学級が最良だと思う。そこには自治体からの援助も豊富にあり、相応の教育方法もある（たとえば、ティーチメソード、ペクスメソードなど）。普通学級か特別教育学級のどちらを優先するかは両親の選択になるしケースバイケースだが、子どものことを考えると援助サービスが整った特別教育学級のほうが幸せであろう。

自閉症のためだけの特別教育学級では、毎日が規則正しい生活となっている。日常生活の作業を絵にして表にしてあるピクトグラムや、次への行為を示す実物の用具が日課表代わりに置かれてあり、それを一つずつクリアすると一日が終了する。授業もマンツーマンで、簡単な手作業を学ぶ生徒や興味のあることを黙々と調査する生徒もいる。視察に来るほとんどの人たちが驚くほど、特別教育学級の子どもたちの表情は温和で和やかである。

このように特別にＡＤＨＤの学級をつくることが統合につながらず教育の後退であると非難されるかもしれないが、スウェーデンという国では選択肢が豊富であり自己選択の権利も保障されているので、自分の子どもにもっとも適した学校を選べばよいし、もし結果的に間違っていれば途中転入もできるのである。選択対象が多種多様にあるということは、親としては非常に安心できるのではないだろうか。一度決めたらそのままというのではなく、子どもの能力や成長の変化によって換えられるその融通のよさが必要だと考える。

ティーチメソード（TEACCH Method）

1970年代に、ノースカロライナで研究された自閉症のための指導方法。簡単な絵（ピクトグラム等）や実物の道具をシンボルマークとして利用し、日常生活の予定をそれで知らせる。その予定表通りに規則正しく生活する習慣を指導訓練する方法で、これによって日課の異変にもパニック状態にならないようにしている。

ペクスメソード（PECS method）

重度の言語、発語障害をもつ人、主に自閉症などの人にシンボルマークを利用してコミュニケーションができるようにする方法。例えば、児童の前にパンとリンゴのシンボルマーク（絵）を置き、どちらかを取ってみせるとパンかリンゴがもらえるという仕組み。こうしてコミュニケーションをする意義を教え、社会性を養い、たくさんのシンボルマークを言語の代用にする方法。

フレックスタイム（時差登校の学校）

「ここまでするのか！」、という驚きの声が聞こえてきそうな小学校がスウェーデンで始まった。フレックスタイム制を取り入れた、時差登校のできる小学校なのだ。間違ってはいけない、これは教師に対するフレックスタイム（時差出勤）の導入ではなく、生徒へのフレックスタイムの導入である。

この制度は、オステレーン（Österlan）にあるオーデンスルンド（Odenslundsskolan）学校の一二歳の男子生徒が提案して、世間を驚かせた。ビクター・モーテンソン（Viktor Mårtens-son）というその少年は、大人の労働社会で導入されている時差出勤を学校にも導入できないかと学校に対して直談判したのだ。教師側はこの画期的な提案を真面目に受け取り、検討したうえで一学期間だけ試験的にフレックスタイム制を導入したのである。一五七人の生徒がいるこの学校は生徒を学年別に三つのグループに分けていて、そのなかの六〇人がいるグループを対象としてフレックスタイム制の実践をした。

早朝に自信のある子どもは朝七時半からの授業に参加し、朝寝坊をゆっくりしたい子どもは八時四〇分までに登校すればよい。もちろん、下校はその分遅くなり、午後三時四〇分まで勉強することになる。通常は、八時二〇分から午後は一時か二時ごろには終わる。昼間の時間帯だけは、全員が出席しなければならない。一週間分の時間割を両親とともにつくり、それを事前に担任に提出するのである。

ビクターは、週の初めに朝早くから午後の最後の時間まで授業を受け、金曜日は早く帰宅するという時間割を組んでいる。このシステムには、単に時差登校するだけでなく、ある一週間の授業時間のなかに翌週の分の授業も組み込むことができるという制度も含まれている。つまり、学習時間の貯金ができるのだ。

これらの時間表をもとに、四人の教師が出勤するのだ。この結果、朝のクラスは人数も少なく、また午後のクラスも少し少なめの人数となり、これまで少し手助けを必要とした生徒にも、今までよりももっと時間をかけて教えることができると教師たちもこの時差登校を歓迎している。もちろん、教師も一日の時間割に合わせて時差出勤している。

生徒にとっても、自分で計画した時間割で勉強するということは自分で責任をもつということにつながり、学習意欲も自然とわいてくるらしい。学習への自発的な動機づけにもなって、このようなシステムがますます増えることを願っている。

この時差登校に対して、朝刊紙〈シドスヴェンスカ（Sydsvenska）〉には、若者の生活習慣を研究しているウメオ大学（Umeå-Univ.）のヤード・ノードルンド（Gerhard Nordlund）のコメントが掲載されていた。

「子どもには個人それぞれの生活リズムがあり、なかでも三四パーセントは夜型で、早朝だとほとんど障害者ともいえるほど心身共に無機能になる子どもがいる。とくに、成長期にある一〇代の子どもは、そのほとんどが夜型の生活リズムになっているともいわれている」

彼女の研究結果では、たったの一三パーセントしか朝型の若者はいなかったそうだ。朝食をおろそかにする者、食事をしないで登校する者は、数時間後の心身機能が働くころにはお腹が空いて、思うようにエネルギーが脳に回らないとのことだ。頭痛や腹痛を伴い、学習能力が低下するのは、それが主な原因であるともいう。

「個人の生活習慣にあわせた学習時間の設定をしてくれるということは願ってもないことで、最高である。だから、この時差登校は学習能力を最大限に生かす方法でもあるし歓迎してもよい事実だと思う。ほかの学校も見習うべきではなかろうか」と、彼女は付け加えている。

スウェーデンの学校は、何度もいうようだが、小学校だけでもさまざまな形態があるのでこのような学校ができても何の不思議もない。先にも記したように、年齢混合、伸縮可能な学年数の延長（六年のところを七年にするなど）、小人数学級、特別教育学級、特別学級、アシスタント、特別教員授業など、いろいろな形態のもとで個人にあわせた授業が受けられるようになっている。生徒一人ひとりの自己決定権、生徒の教育計画参加、これらが前提にあるからこそ朝令暮改ともいわれるほどの制度の実験改革が巧みにできるのである。難をいえば、組織変化が激しく現実にはついていけそうにない場合もしばしばあるが、このように一人の生徒が提案することも、あるいは教師たちが考えている新しい教育方法を取り入れるという土壌があるのも確かである。

フレックスタイム制を導入して、スポーツ休みを自由に取ってもよいと制度を変更したコミューンもある。ゲーテボルイ（Göteborg）の近くにある、パティッレ（Partille）コミューンだ。

毎年二月中旬にある一週間のスポーツ休みは、冬のスポーツを生徒に楽しませようという主旨で始まり、スキー、スケートなど、もっとも日の短い冬季に戸外へ出ることを学校は奨励している。ところが、この時期はスキー場もかき入れ時で、ホテルや山小屋のレンタル料は普段の倍にも三倍にもはね上がる。それでスポーツ休みを少しずらして、スキーのツアー料金も安く、人も混まない時期に休暇を割り当てる家族が増加してきた。そのためパティッレコミューンでは、全国で初めてフレキシブルな休暇制度を試験的に導入することにしたのだ。

具体的にいうと、前年のクリスマスまでに二月のスポーツ休みの希望を各自学校に申請することにした。結果は、四四〇〇人いる生徒のなかで三七〇人がスポーツ休みの希望変更となった。規定のスポーツ休み以外に休暇を取った生徒は、スポーツ休みの期間に人気《ひとけ》のない学校へ行き、予備の教師がグループ分けをして特別授業を行っている。これからは、今回以上にこのフレックスに取れるスポーツ休みが利用されると学校側では見ている。この融通のきくコミューンの対策に、もちろん生徒も家族も大喜びである。

誰しもがみんなスキーツアーに行くのではない。スポーツ休みには、各市町村でいろいろな行事が催される。スポーツも、スケートなどの冬のスポーツから空手、剣道、柔道、ボクシング、バスケットなど、一週間の間にいろいろなスポーツに挑戦することができる。文化サークルも盛んで、演劇、モードショー、子どものフリーマーケット、ライフバンド（アマチュアバンド）、映画鑑賞など、自分の好きなものに自由に参加できるようになっている。そのためにマルメコミューンは、スポーツセンターまでの移動バスを増発するサービスまでしているのだ。教育機関と交通機関が垣根を越えて一つになって、子どもの豊かな生活を考えているように思える。

第3章 中学校

Grundskola (Högstadium)

初めての成績表

先にも述べたように、成績表は中学校の二年生になって初めてもらう。それまでは成績表もなく、学校の勉強に十分ついていけていると自信をもっていた子どもも、初めて受け取る成績表はショックな内容となるかもしれない。しかし、すでに小学校で人間的な基礎能力が十分養われているため、自分の足りない部分をチェックして対処できるような資質を兼ね備えているようだ。

成績表はあくまでも自分の成長の指針であり、教師の評価である。ときには、自己評価と教師の評価がまったく異なる場合もある。そのため、中央教育庁へ成績表の撤回を希望することもできるようになった。教師の個人的偏見だけで成績がつけられないように、教育庁では成績検討委員会を設けて、教師と生徒からの事情を聴衆し、最終的に成績の変更ができるようにしている。公平な成績をつけるための配慮であり、後述するが、中学校の成績表によって高校への進学が決まるからより慎重になるのだ。

中学校でも小学校と同様、生徒に学習の自己評価をする用紙が事前に配布され、成長懇談会のときにそれを持っていくシステムとなっている。自分の努力はどうであったか、教室内の雰囲気はどうか、静かに授業が受けられたか、友人関係は、教師の指導方法は理解できるかなど、自らの毎日の生活を振り返ってふと考えさせられるものとなっている（**図8**参照）。

図8　中学校の自己評価表

スロットスターデン中学校

自　己　評　価

名前：＿＿＿＿＿＿＿＿＿＿＿＿＿＿　　クラス：＿＿＿＿＿

	自己の努力、学習評価	準備、整理過程評価	その他
スウェーデン語			
英語			
数学			
美術			
体育			
音楽			
技術家庭			
生物			
化学			
地理			
歴史			
宗教			
社会			
第2外国語			
選択科目			

クラスへの評価

クラスの和は？	学習雰囲気は？	友人関係

中学校では、ほとんどの科目を専門の教師が受け持つので、懇談のときには担任の教師が専門科目の教師が書いた批評を読み上げるか、広い講堂に各専門教師がそれぞれ座っていて、親子で一〇分ごとに教師を次から次へと回って評価を聞くという場合もある。

それぞれ、「お喋りしすぎる」「遅刻する」「内気で話さない」とか、「積極的に議論に参加する」「しっかりした意見をもっている」「人前で発表ができる」「明るい」とかの授業中の態度の感想を交えて、「読解力がアンバランスなのでもっと読書するように」「現在の成績では不可になるかもしれないから頑張って欲しい」「因数分解が飲み込めてないから、習ったことを復習するように」「このまま進んでよい」「こうすれば良くなる」とかといって教えてくれる。また、子どもに何か意見があるかどうかも尋ねてくれるので、グループ分けで納得のいかない子どもはここぞとばかりに訴えることもできる。

弱難聴の娘は、口のなかでモゾモゾと話す英語の教師の授業が聞き取れなくて困っていて、常々教師を替えてもらいたいと訴えていたのでそれを口にした。私からもお願いすると、新学期には新しい教師のグループに変更となった。担任の教師はもちろん、娘が難聴だけが理由でなく、この英語の教師と生理的に合わないことを承知していた。やはり人間同士ゆえ、あう教師とあわない教師とがいる。自分とあわない教師では学問自体への興味も薄れるであろうし、勉強にも力が入らない。娘がそれを難聴のせいにしたことはあまりほめられたことではないが、その後、英語の時間を楽しみに通っている娘を見ると、やはりこのように寛大な処置をとってくれた学校側に感謝せざるをえない。

スウェーデンの学校はこのように多大な可能性を与えてくれるが、それを十分に利用しない生徒もたくさんいる。遊びや友人のほうが大切になり互いに悪影響を与えたり、マスメディアに踊らされたりと、どこの国でも抱える共通の若者の悩みもある。しかし、多くの場合は、学校生活に対してかなり真面目な姿勢で取り組んでいると思う。

中学三年生（九年生）の最後の成長懇談会（三月、四月の中ごろ）のときには、成績の経過内容を事前に報告してくれる。だから生徒は、最後の数週間にもうひと踏ん張りができるのだ。この中学校の最終成績で、希望する高校に入学できるかどうかが決められる。現在では、高校入学はこの成績表での選抜方法しかない。つまり、普段の成績がものをいうのだ。たとえば、可は一〇点、良は一五点、優は二〇点などと計算して、総合得点で選抜されている。苦手な科目であっても、最低「可」を取らなければ総合点に大きく影響することになる。

毎年、各高校のコース別に入学の最高得点と最低得点が発表される。その年によって志願者が多く集まる年とそうでない年があるので、合格基準は毎年変更されている。たとえば、人気のあるカメラマンや美容師志望の高校などは最高得点がかなり高くなっている。

高校を志望する中学生は、全員何らかの形で進学することができる。自分の希望する高校とコース名を第一志望、第二志望、第三志望と記して、高校選抜委員会に提出するのである。クラシックバレーや演劇、音楽など、技術試験の必要な所では成績のほかに面接や特別の実技試験がある。国際経済コースでは、授業がすべて英語で行われるために英語による面接もある。もしも、自分が選んだ音楽コースに落ちても、翌年の面接までに一年間の就労をすれば成績に五点が加算されるようになっている。そして、希望する音楽コースへ再度挑戦するとほとんどの生徒が受かるようにもなっている。今までに、二年連続して入学できなかった人を私は知らない。第一志望はだめでも第二志望で入学できるし、また学期が始まってからの移動も認められている。だから、希望するすべての人に進学のチャンスがあり、かなり余裕のある進学となっている。

しかし、最近の教育庁の調査では、義務教育が終わるころになっても、三万人もの中学生が基本科目である数学、英語、スウェーデン語の単位がとれず、四人に一人は高校への進学ができない状態であるという結果であった。彼らは、そのまま留年するか就労して成績を上げるかしている。このように、緊急の学力低下が心配されているが、成績の良い中学生の比率はかなり高く、標準成績は逆に上がっている。成績の良い者と悪い者の差が大きくなっているようだ。

コミューン間の差もあり、移民の多いコミューンでは単位のとれない者が多いとされている。国語としてのスウェーデン語が十分でなかったり、読解力の必要な数学問題の不可が多かったりと、ここでも移民問題が浮上してきている。

母国語教育には寛大で、特別に教師を招いて同じ国の生徒を集めて授業するのは当然の権利として移民にはあるが、スウェーデン語の準備学校以外にスウェーデン語を完全にマスターするための特別訓練は、親が望まないかぎりしてくれない。そのため、政府は三年制の中学校を伸縮可能な四年制に延期しようと提案している。というのも、このまま高校へ進学しても授業についていけないわけだから、早急に教育対策を取らねばならないと考えているようだ。コミューンとしては、どのようにこれから対処してゆくのか頭を抱えているのが現状である。これからの行き先が興味深いところだ。

社会実習

中学校二年生から、二週間の社会実習が始まる。自分の親や親しい人に相談して実習する場所を探すか、積極的に自分の気にいったお店や会社と交渉して実習先を決めてくる。社会実習は、将来の進路を決めるのにも大いに役立っている。無給だが、いろいろな分野に自らチャレンジするよいチャンスなのだ。大人たちと同じ条件のもとで働き、社会構成を自ら体験することになる。

息子はボーリング場やCDショップと交渉して、実習期間を楽しもうとした口である。ボーリング場では客に出すサンドイッチをつくったり、レーン掃除を手伝ったり、客のいないときにはボーリングをさせてもらったりと、仕事というよりは遊びのようでもあったが、彼なりに社会実習を楽しんできた。人との付き合い方を学び、仕事を完結する喜びも学んだ。学校では得られない、重要なことを実習先で体験したようだ。

実習先が見つからない場合は、学校側が何らかの仕事、たとえば校内掃除とか校内のペンキ塗りや修理などの仕事を用意していたが、この原稿を書いている今年からは、娘の学校ではそれもなくなった。つまり、自分で必ず探さないといけないということだ。

娘は演劇に興味をもっているので、マルメ中にある劇場に電話をかけて実習の交渉をした。電話での応対や直接交渉をする段階からすでに実社会を体験しているわけで、一つ一つが直接身に着くことになる。電話をかけるたびによい返事がもらえなくて失望していたのだが、あきらめかけていたころに一つの劇団から快いOKの返事を受け取って嬉々としていた。やりたいことを目指すための努力など、将来の職業選択にも役立っている。娘が社会実習した感想を書いたので、次に紹介する。

スウェーデン風シンボル劇場で実習しました。

スウェーデン風シンボル劇場がどんな劇場が知らなかったので、実習する前の日は不安でドキドキしていました。行ってみると、フランスのアバンドガードの影響を受けた劇場でした。妙なところがあって、演劇の題名が「スープ」であれば、実際に劇のなかで観客にスープを食べてもらったりするのです。劇場はとっても小さいのですが、可愛くて居心地のよい所でした。車庫に似ていました。

初めての日、入り口を入るとそこは玄関ホールでした。でも、そこにはコンピューターや更衣用のロッカーが置いてあったり、それにトイレと事務所もありました。変な所だなと思いました。ガブリエラ・ニルソンという女性が、私の担当をしてくれました。彼女はそこの指導者のような人です。お互いに紹介しあって、それから劇場のなかを案内してくれました。二つも大きな舞台があり、バー、衣装室、事務所、それから舞台道具の入った部屋などがありました。

毎朝、ミーティングをするそうです。それから次々と人が現れて、アシスタントのエーリン、監督でありリーダーのクリステル、エンジニアのコグマ、副リーダーのスサンヌ、音響効果担当であり演奏家のオスカルと劇団員のオーサ、マティアス、マルクス、ジェニー、サーラ、そして私となりました。みんなとてもよい人たちばかりで、初めてなのにすぐに打ち解けてしまいました。一週間目は、壁のペンキ塗りをしたり、ライトをあちこちに移動したり、劇団員と話したり、広告のチラシを配ったり、掃除したりして楽しみました。

週末の土曜日が最後のショーなので、そのために準備をしました。残念ながらこの劇場は今回が最後で、その後、取り壊しにかかるのです。いろいろと劇団員はコミューンに働きかけたのですが、結局、援助金が下りなくてやめざるをえなくなりました。

ショーは、スウェーデンの『今宵はルークとともに』というテレビ番組をパロディ化したものでした。司会者のルークのところへ有名人がやって来て、雑談をするというものです。ショーを少し変えて『愛情と憎悪』という演劇のワンシーンを幾つか取り入れたりしました。ゲストとしてライフバンドのスポンクも参加して、ロックを演奏しました。結構忙しかったのですが、お昼休みにはいろいろなレストランで食事をしました。毎日、外食なんて、無駄遣いしていると思いました。

サーラと私は、もう一つの入り口の扉にペンキで文字を描きました。「2001 en symbolistisk odyssee」と書いたのです。二日間かかったのですが、でき上がりはとっても素敵でした。すでにたくさんの人が、ショーの最終日の券を買っていました。

さて、いよいよ土曜日が来ました。朝の一〇時には行き、すぐに掃除にとりかかりました。私とサーラは入り口に立って、夜の八時のハッピーアワーの時間になるまでずーっとお客さんを迎えることになりました。午後の二時に開演したのですが、お客さんは次から次へとやって来ました。ハッピーアワーの時間になると、お客さんは舞

車庫のような劇場

台のほうへ移動するのです。ショーは二時間です。その後のパーティが最高!!

そこには、有名人も無名の人もみんな集まって、お喋りしたり冗談を言いあったりしていました。みんなお酒を飲んでいて酔っ払いに近かったのですが、本当に面白かったです。パーティは夜の一一時から朝の七時まで。私は、夜の一時までに帰宅するように母からいわれていたのですが、ちょうどそのころが一番面白いときでした。ガブリエラと母は電話で相談して、朝の四時までの許可をもらいました。それから、タクシーで家に帰ったのです。

パーティは本当に楽しかったです。こんなに面白いパーティは生まれて初めてでした。日曜日は、パーティの疲れでみんな寝ていました。

月曜日になって一〇時になかへ入ると、大ショック！　全部そのままでした！　ビールの空き缶もテーブルも雪をまき散らす機械も散らかしっぱなし。床はビールでネチャネチャしていました。トイレは気持ち悪くなるほど。みんなで、全部片付けなければなりません。大変でした。引っ越しと大掃除に、まるまる一週間かかりました。

でも、本当にシンボル劇場で実習するのは、先にも書いたように生まれて初めての面白さでした。大変だったけれど、私を指導してくださった人のほか、いろいろな素晴らしい人たちに出会えました。この楽しい想い出は、最高の想い出としていつまでも私の心のなかに残るでしょう。

みや

娘は、この実習をしている間は生き生きとしていて、朝から出掛ける準備に余念がなかった。私も、本当にラッキーな実習先が見つかったものだと劇団員に感謝したほどである。週末は実習をしなくてもよいのだが、彼女は行きたがったし、実社会で働いていると週末も関係なくなることもあるので出掛けるのを許した。おまけに、夜遅くなるパーティも最終公演ということもあって、世話人でもあるガブリエラに相談したうえ一任した。掃除など大変らしかったが、劇場という絢爛な世界を夢想していた娘には裏方の大変さも分かり、彼女自身、得るものが大きかっただろう。社会実習という制度のあることが私としても非常に嬉しかったし、また、運よく素晴らしい人たちに娘が出会えたことにも感謝するばかりだった。

私の職場にも、スタッフの子どもが実習をしにくることがあった。別段難しいことをいう人もいなくて、寛大な心で受け入れている。

街に出ると、この手の実習生にたくさん出会う。デパートの販売員、レストランでのウエイトレス、コンビニのレジ係など、実習生というマークを胸につけて働いている。おずおずとウエイトレスをしながら、客にお皿を持っていく手つきも危なっかしい。何もすることがなくて、退屈そうにしている実習生もいる。実習先でどういう人が担当になるかでその内容に雲泥の差が生じるかもしれないが、学校をひと休みできるこの社会実習は生徒に人気がある。

運よく、そのままアルバイト先として決めてくる子どももいる。娘の友達は、美容院で実習してそのままアルバイトをしている。彼女は美容師になりたいので、見習い生としての点数を稼いでもいるのだ。この見習いの期間が長ければ美容師専門高校への入学の際に考慮してくれるので、一石二鳥となるのである。

こういう社会実習の機会を得ることは、子どもが大人の世界をのぞく絶好のチャンスであり、また成長する機会ともなる。学校に疲れて不登校になる前に学校を離れる一瞬の機会が得られるのは、生徒にとってもある種の生き抜きができていいのかもしれない。それに、実社会の荒波を経験して、学校がいかに面白い所かを再認識できるかもしれない。また、将来、実社会に出てすぐに貢献できるだけの能力を直接身に着けられるよい機会でもある。日本でも、中学生の段階でこのような社会実習の期間を取り入れてみてはどうだろうか？

保護者会

中学二年生になる娘の保護者会へ出席した。この学校は、マルメでいわゆる移民の少ない居住地区で、しかも医者や弁護士や会社の社長などと、リッチな人が多く住んでいる地域にある学校である。だから、取り上げられる話題も政治的な要素のものが多い。そういう面でも、一般のスウェーデン人の世界が内側から見えると思うので紹介する。

学校の職員室、スウェーデンでは日本のような各自の机が置かれた職員室などはない。この職員室はコーヒーやランチをとる休憩室でもあり、五〇平方メートルは優にある。ゆったりとしたソファセットやテーブルが幾つもあり、ちょっとしたホテルのラウンジを思わせる。組み合わせると大きなテーブルになり、職員会議ができる機能的な白木のテーブルが置かれている。ラウンジとどこが違うかというと、掲示板や本棚が置いてあり、連絡事項が所狭しと貼ってあるところだろう。そこに、娘のクラスの保護者たちが集まった。二人の教師がこのクラスを担当しており、一人は美術の教師、もう一人は数学、物理、化学を担当している教師である。

娘が中学校へ入ったばかりのときは、退職寸前の老教師が担任であった。よそのクラスでは、入学したばかりのころに交流を深めるためのサイクリングや合宿をしていた。行動力の乏しい老教師は、親睦を図ることもなく化石的授業を進めるだけで、娘と友人たちはその不幸を嘆き、よそのクラスを羨ましがった。

中学校の職員室

しばらくして、その老教師が退職して若い新任教師が現れた。彼はすぐに生徒との親睦を図るために、クラス全員をコペンハーゲンまで遠足に連れていった。生徒たちは大喜びである。こういう教師からの提案を、学校側は難なく受け入れる。名目はコペンハーゲンにある美術館を訪れる課外授業となっているが、生徒たちにとってはチボリ公園で遊ぶことが目的となる。事前にもらった用紙には簡単な注意事項として、教師の指示に従うこと、もしそれが守れない場合はすぐさまマルメへ送り返すというものだった。そして、その用紙を読んだ証拠として娘と私はサインをした。細かい指示は何一つ書いてない。娘の話を聞くと、美術館までは行動をともにしてその後はどこどこで何時に集合という指示だけだった。みんな、それぞれ自由行動をし、コペンハーゲンの歩行者通りを闊歩し、チボリ公園では嫌というほど遊園地の乗り物に乗ったようだ。

とにかく、そんな新任教師はクラスの生徒に人気があった。その教師は韓国からの里子で、スウェーデン人の両親に育てられた人だった。動作、言葉、リアクションなどまるっきりスウェーデン人なのだが、容姿は日本人とそっくりである。保守的な人が多いこの学校で、ほかの保護者にそのことがどう受け止められるかも私には興味があった。

職員室では、クラスを代表したＰＴＡ（「クラスママ」とも呼ぶ）がコーヒーと手づくりのチーズケーキを用意して待っていた。このクラスママは学校側と保護者との連絡役なのだが、学校側の運営に参加したい活動家の親を除けば、ほとんどが保護者会のコーヒーやクッキーを準備するだけの役目である。クラス替えのない小学校六年間の間に、有志がいない場合にはほとんど強制的に回ってくる順番制となっており、もちろん私もクラスママをした経験がある。父親が代表のときは「クラスパパ」とも呼んでいる。

今回の保護者会には、小学校からともに上がってきたクラスの保護者と一緒に座った。小学校から中学校へ上がるときには、希望した友人同士二、三人が同じクラスになれるように配慮される。次々と現れる保護者も、教師やクラスママのすすめでコーヒーや紅茶を手にして、ケーキとコーヒー代を支払ってテーブルの周りに座っていた。みんな緊張しているのか、あまり会話は弾まない。

みんながコーヒーとケーキを片手に席に着いたころを見計らって、クラスママが保護者会をスタートさせるべきウエルカムの挨拶をした。新任教師が、それぞれの保護者へ自己紹介を兼ねて子どもの名前をいうようにと促した。子どもからいつも聞く名前を照らし合わせながら、親同士の紹介が始まる。

その後、コペンハーゲンへの遠足の報告を受けた。子どもたちの喜びをすでに知っていた保護者たちは、新任教師に対して好意的であった。クラスママが、遠足はとても楽しかったらしいと絶賛すると、みんなも大きく頷いていた。それからイジメの問題。現在のクラスではイジメは現れていないしその兆候もないが、もし何か気がつけばすぐに連絡して欲しいと教師がいうと、保護者もいじめに関しては非常に関心があるので、イジメられるほうはもちろんだが、いじめる側の場合も直接保護者に連絡して欲しいと依頼した。

保護者からの問題提議は、夜遅くある学校主催のディスコパーティのことであった。なぜ、翌日が学校のある木曜日の夜に、ディスコを夜中の二三時まで開くのかという質問である。金曜日にすれば土曜日が休日だからもっと都合がよいのでは、というのである。教師の答えは興味深いものだった。次の日が休みであれば子どもはハメをはずしやすい、というのだ。翌日に学校があるから子どもたちは規定通り自宅へ帰るだろうし、実際、翌日には学校に行くことになるわけだから木曜日にしているというのだ。重ねて、金曜日の夜にすれば飲酒する子どもが増え、帰宅しない子どもが出るから、非行防止のためにも木曜日にしているという。

ディスコは、生徒たちに歓迎されている行事で廃止することはしない。一八歳未満には酒を売ってはいけない禁酒法があるが、飲んでいる子どもを罰する方法はない。飲みたい子どもは親の酒をくすめたり、自宅で違法醸造した酒を密かに公園や学校付近で売っている闇の販売網から入手する。飲酒している子どもはディスコには入れないため、騒ぎを起こしやすい子どもは常にディスコの外にたむろすることになる。ある保護者から、夜のパトロールをしようではないかとの提案があり、少なくとも学校に近い保護者は参加するようにと決まった。

非行防止の具体的な方法もいろいろ話し合った。イジメ防止を含めてクラスの親睦を図るために、クラス全員でボーリング大会やピクニックを兼ねたブレンボル、カヌー合宿などをしようというものだった。もちろん、自由参加である。

さらに、両親のいない間に、子どもたちだけのパーティが開かれていることを一人の保護者が話題にした。親が一緒のときはよいが、親抜きの子どもたちだけのパーティではとかくエスカレートしやすい可能性がある。酒乱や乱痴気騒ぎがあったりして近所迷惑になり、警察のお世話になることもある。

スウェーデン人はよくホームパーティを開くので、両親がそろって出掛けることも往々にしてある。とくに、私が住んでいるこの地域にはホームパーティがふんだんにある。子どもが幼いころはベビーシッターを頼んで出掛けるのだが、中学生にもなるとさすがに子どもまかせとなる。それに、子どもが小さいころは家族ぐるみの付き合いだったものが、大きくなるにつれて、親たちが開くパーティを子どもたちは自然と億劫がり避けるようになる。要するに、仲間だけで楽しみたいのだ。子ども同士で留守番をするようになるのも自然な成り行きだが、ビデオを観ながらお喋りするのならばよいが、そのビデオもスリラーもの、オカルトものと、親の知らないものになる場合もある。また、子ども同士のパーティに招待されない仲間はずれの子どもも出てくることになる。

保護者会では、パーティの是非について話し合い、必ず両親が自宅にいるときに開くようにと話し合った。大人への登竜門、中学生にもなれば体格はすでに成人に近いが、精神的にはまだまだ幼い年齢だけに問題も大きくなる。保護者会では、毎回繰り返される話題である。

保護者会の終盤、新任教師の理路整然と話す明るい笑顔を見て、クラスをまとめるだけの力量があると納得した保護者たちは、どの人も彼の担任を歓迎していた。私も、こういう外国人の顔

ディスコへ出掛ける前の中学生

ブレンボール（brännboll）

野球の一種だが、ずいぶん違う。攻撃側と守備側の２組に分かれて、バッターはボールを自分で上げて打つ。捕る側は、ポジションはなく全員が好きな所に広がって立ち、打たれたボールが地面につく前にキャッチして、ホームベースにいる味方のキャッチャーに返す。フライで取られたらアウトで、バッターはホームベース止まりになる。次の人がヒットを打つと、先にアウトになった人も１塁、２塁のベースを共に走って回り、ホームベースとなる３塁まで帰る。守備側の人がボールを追いかけている間ランナーは走れる。走るのが遅い人やボールを取られた人が１塁、２塁ベースに止まるので、数人が同じベースにいて次の人がヒットを打つまで待っている。点数は野球と同じく、ホームベースまで帰った人数が点数になる。何回行うかは、事前にその都度決める。

をしたスウェーデン人がいろいろな所で活躍するのを見るのが好きだ。とくに、この地域のように保守的な、とかくナショナリズムに陥りやすい地域などでは非常に必要なことだと思う。

参観日

先日、学校側が土曜日に「オープンデイ」を開いた。これは、日本の参観日と同様で、保護者の休日に特別授業を開いて多くの保護者に参観に来てもらおうというものだ。土曜日に登校する子どもたちには、別の日が休日として振り替えられる。私も、娘のスウェーデン語の授業と環境汚染の授業風景を見てきた。小学校のときは、電話一つでいつ参観に来てもいいですよと教師にいわれて、親同士数人で日時を決めて見に行ったことがある。今回は休日の土曜日、娘からは、友人の母親も来るらしく一人では可哀想だから来てくれと要請があった。「その親が来ないならば、私には頼まないつもりだったの?」と尋ねると、「まあね」と苦笑した。

仕事上のことでハビリテーリングセンターから娘の学校へはしばしば行っているし、数人の教師とは話し合いもしているが、娘の授業参観となれば別の意味での興味がある。ここぞとばかりに行ってみた。数人の保護者がすでにクラスには来ていた。クラスといっても、こちらの国の国語でもあるスウェーデン語のクラスには七名しか生徒はいない。しかも、広い部屋にパラパラと座っている。

スウェーデン語の授業では、形容詞、副詞の違いなどの文法の授業をしていた。同じ言葉でも、形容する言葉が副詞に変化したりするから見分けがつきにくい。同じ文章を単数から複数に置き換えるとよく分かる、と口ひげを生やしたジーンズにセーター姿のスウェーデン人教師が説明している。手を挙げて答える者、黙って聞いている者、日本の参観日と変わりない。服装が自由なのと小人数であるところだけが日本と違っている。

参観日に行く前、厳重に娘からの服装チェックを受けた。普段はジーンズにシャツという仕事着を脱いで少しはオシャレをしようと頑張ったのだけれど、洋服ダンスから出した服はすべて娘の眼鏡にはかなわなかった。

「やだー、オバンくさい！」「きゃー、やめてやめてそんな格好、七〇年代の服じゃない！」

ベストの好きな私がベストを取り出すと、娘は必ずそうわめく。結局、黒いジーンズにブラウス、黒いショルダーバッグと、バッグまで選んでもらって参観日に出掛けた。普段は自分の意見を押し通して実用的な服装を選ぶ私なのだが、今日は娘の日だから娘のいう通りにした。彼女が幼いころには私の好きなように服を着せたのだから、まあこれでおあいこか。

ひとしきり文法の説明が教師からあったが、すぐにゲーム用の箱を出してきた。何度も利用しているのか、生徒のみんなは心得たものでゲームカードの周りに集まってきた。ペアを組み、サイコロを振ると、目の前に置いてある名詞、副詞、形容詞、動詞などの文法用語のカードを一枚選ぶ。それにはいろいろな単語が書いてあり、それをジェスチャーか絵に描いてペアを組んでいる相手に知らせるのだ。答えられると、今度はそれについての複数形だとか活用変化を答えるようになっている。答えが正しければ点数が上がるので、みんな必死で相手に知らせようとしている。当てるほうは、次第に興奮して大きな声になったり、笑い声がわき起こる。「えっ、これが授業？」と思えるが、見るからに楽しい授業である。参観日だからといって緊張した面持ちは全然ないし、ゲームに夢中な子どもたちの周りにいる親も一緒に笑っている。

次の授業まで少し時間があるので、学校のコーナーにある休憩室に保護者たちが集まった。椅子の代わりに飛行機の座席シートが廃品利用として乱雑に置かれている。コーヒーとシナモンロールを手に、数人で座ってひとときを過ごす。

次の授業は、環境汚染についてであった。エコロジーシステムについて書いた用紙をもとに話を進めていく。太った中年の女性教師はかなり厳しいとの評判で、生徒からはあまり好かれていない。クラスに集まった生徒は一六名ほどで、残りはほかのクラスで実験をしているとのこと。全員が集まるのは少ないという。地理、社会、歴史などはクラス単位で学ぶが、クラス担任がクラス全員の顔を見るのは週一回のホームルームのときだけらしい。そのときには、生徒会やクラス旅行、あるいはなぜ授業に遅れてくるのかなどの問題について話し合ったりする。そのほかは、今日のようにグループ分けされた少人数の授業が多い。

先生の質問に答え、一人の男子生徒が黒板にエコロジーシステムの絵を描いている。用紙にはエコロジーの説明文章だけで、どうやら宿題で、システムを絵で表すようにいわれていたらしい。

また、統計も図にして示すように、ともあった。環境汚染を学ぶのに、図画の授業もあり、国語の授業もあり、さらに数学の授業も入っている。

前述したように、小学校の参観日は電話一本でいつ参観してもよいが、中学校となるとあまり参観する機会がない。こういう風に休日にしてくれると、興味のある人がやはり参観に来やすい。なかには、授業参観があるという用紙すら親に見せない生徒もいるらしいが、今回のオープンデイは私にとっては非常に面白かった。

差別問題、ドラッグ中毒などのテーマ学習

保育園や小学校でも触れたが、テーマ学習をスウェーデンの学校では頻繁にする。校内暴力やドラッグ問題などは、学校内だけではなく警察や地域の教会やレクリエーション協会など行政管理局以外にまで協力を要請して、学習する機会をつくっている。

赤十字協会の青年団からも、自発的な協力の申し出があるほどだ。たとえば、同じ街のなかにいても、スウェーデン人の多い学校と移民の子どもばかりの学校との間に異常な歪みが出てくる場合がある。メインストリートを歩いていても、学校が違うということだけでギャング（徒党化）同士のいがみ合いが生じる。それを未然に防ごうという主旨で、赤十字協会が学校同士の交流を目的にボランティア活動をしているのだ。各学校の有志を一〇名ほど募って合宿をしたり、

毎週交流会を設けたり、ゲーム大会やカラオケ大会をしたりと、いろいろな方法を利用して友情の輪を広げてトラブルがなくなるように努力している。

学習面では、生徒が一つの課題によって自主的に研究を進めるテーマ学習がある。たとえば、「暴力」をテーマとすれば、クラスをグループに分けて暴力に関する記事を調べる。自宅や図書館・インターネットなどを利用して、グループごとに記事のなかで暴力を振るった人がその後どうなったかを調査していく。警察に捕まって拘留されると、犯行現場の検証には本人もかかわるのか、証人はいるのか、捜索は警察だけがするのか、誰が何をするのか、否認はできるのか、もし裁判になったら、その公判にはどういう専門職の人がかかわるのか、その場合どういう順序をたどるのか、弁護士はどんな視点で弁護をするのか、あるいは検察官は犯行をどのように起訴するのか、また少年法にはどんなものがあるのか、判決はどうなったのか、刑罰はどのように与えられるのかなど、一つの暴力行為が生む経過と結果を手分けして調査するのである。

社会制度がおのずと分かる方法でもある。調査の経過と結果はクラス内で発表するのだが、このときの発表方法はどのように工夫をしてもよい。あるグループは一人ひとりが順番に発表し、あるグループは集めてきた資料をコラージュのようにして展覧会を開き代表者が発表する。また、別のグループは、ビデオを利用したりオーバーヘッドプロジェクター（ＯＨＰ）を利用した発表を行う。自分たちで犯人、弁護士、陪審員などを演じて裁判の模様をロールプレイして発表しているグループもある。発表の結果が重要なのではなくて、いかに生徒一人ひとりが自分の力で学習したかというそのプロセスが大切なのだ。発表のときにたまたま居合わせたけれど、ラップミュージックに乗って発表したグループがあったのにはさすがに驚かされたし、笑いあり緊張ありで見ていて微笑ましかった。

このほか、学校側は劇団を招いて、暴力問題を扱った演劇を全校生徒に観せることもあるし、あるいは実際に暴行で刑罰を受けた人を招いて経験を語ってもらうこともある。まる一日を「テーマデイ」と称して、全校生徒が何らかの形でテーマに携わる場合もある。

現在、スウェーデンでは「新ナチス党」の勢力が強くなっている。イジメからくる暴力よりも、人種差別にまつわる暴力行為のほうがスウェーデンでは深刻な問題である。そのためにある学校では、第二次世界大戦のときにユダヤ人収容所にいて生き残ったエメリック・ロッ（Emerich Roth）と、今は脱党しているが、以前新ナチス党のメンバーとして暴行を働いたパトリック・ペラシオ（Patrik Pelasio）の両人を招いて講演してもらったこともある。この

新ナチス党（Neo Nazist）

ナチス党は、第２次世界大戦の発端にもなったヒトラーを党首とした国民社会主義で、共産党や自由主義を嫌い、ゲルマン民族のみが優秀であるとして、ユダヤ人やゲイを撲滅して独裁政治を行おうとした。世界大戦の終盤にヒトラーは自殺したのだが、戦後影を潜めていた生き残りのヒトラー崇拝者が昨今の移民の増加に再び活動を始め、新ナチス党と称し、ドイツ、ノルウエー、スウェーデンなどスカンジナビアに支所をつくり、若者を募って武器や暴力でもってユダヤ人だけでなく移民撲滅運動を展開し始めている。

二人は、暴力を与える側と暴力を受ける側の両方の視点をもって生徒たちにこれまでの経験を忠実に伝えた。

なぜ、差別を受けなければならないのか。また、暴行は一人のときもあれば集団で行う場合もあり、グループの重圧に負けて自分がやらなければ仲間はずれになり自分も暴行を受けることになる。その恐さに、つい暴力行為に走ってしまう人間の弱さと愚かさ、そしてその後の後悔。言葉の暴力も手で殴りつけるのと同様に非情な行為であるなどと彼らは熱心に語り、生徒たちに感銘を与えていた。

殴られるほうは当然被害者であるが、殴るほうもある意味では被害者であろう。いってみれば、社会的被害者かもしれない。新ナチス党に入っている多くの若者たちは、家庭や学校では見向きもされないおとなしい若者が多い。愛を知らずに育ってきた根なし草のような若者が、フラフラと入党してしまう傾向が実に多い。入党すれば家族のように接する仲間がいるし、一般の人々が敬遠するため、自分自身が何か特別な人間であると錯覚して過激になってしまうようだ。

「もし、両親が自分たちのことを考えてくれたなら、もし、学校がもう少し自分の意見を聞いてくれたなら、すぐに率直に教師と話し合えたら、そうしたら自分は道をそれなくてもよかったかもしれない」と、新ナチス党にいたころを振り返ってパトリックはいう。

自由かつ伸び伸びとした教育をしていながら、一方にあるスウェーデンの教育界に存在する欠陥のなかで若者たちは右往左往している。

一人息子を集団リンチで亡くした親も学校で講演したことがある。それを聞いた生徒が、こう漏らしてくれた。その日のテーマは「人間とは？」だった。

「ひどい、ものすごくひどい。どうして同じ人間同士でそんなことができるのかしら。四人の新ナチス党員がたった一人を殴る蹴るの乱暴をして、しかも三時間も暴行し続けていたなんて……。三時間もよ、頭を後ろから殴り路上にぶちつけ、それで気絶しているその人をそのまま湖に捨てたなんて考えられないわ。人間の仕業じゃないわ。むごすぎる」

何もしていないのに、ユダヤ人だからという理由だけで殴られた。現在では、移民だからという理由だけで殴られる。太っているから、内気だから、人と変わっているからといってはイジメられる。人間の仕業じゃない。人間の心のなかに病的な悪魔が潜んでいるに違いない、と私も思いたい。

スウェーデンでは、このように人種差別が一番大きな社会問題になりつつある。一五歳から一七歳の残虐な犯罪が、数年前よりも増加しているという。そして、そのほとんどが移民、外国人であるという背景をもっている。差別待遇があると公表は決してしないが、これこそ警察側の移民差別の象徴ではないかと移民の人たちは感じている。同じような犯罪を犯していても、純粋なスウェーデン人であれば執行猶予になるが移民であれば刑罰に処される。また、その実刑の重さも違うことがあるのだ。機会均等の国でそれはない、と否定できる人がいるだろうか。スウェーデン人グループが犯したレイプ事件と移民グループが犯した同事件でもその差は明らかであり、また黒人殺害と白人殺害とでも何らかの違いがある。就職するときにも、名前が移民の名前である場合は事前に断られるなど、見えない差別が実際にはある国だといえる。

しかし、突き詰めていけば世界中どこにでもある問題で、すべてが公平な社会であるほうが珍しいだろう。それに、私が就職する際に五人のスウェーデン人とともに面接を受けたにもかかわらず私を選んでくれたハビリテーリングセンター、そのほかに二つ返事で教員の就職が決まったときなどを振り返って考えてみると、住民に公平に与えられている医療福祉制度なども含めて、人種差別がほかの国に比べてやはり非常に少ない国ともいえるだろう。

このように、いろいろな学校を回って実際の体験を子どもたちに話している人は多い。そのなかには、アルコール中毒者だった人、薬やドラッグ中毒だった人、事故や暴力で子どもを死なせてしまった両親、同性愛者などもいる。学校側も社会で起きているさまざまな現実を子どもたちに知らせ、それを聞くことで個人の見識を高めようと、このような講演やテーマ学習に非常に力を入れている。

ドラッグ問題に真剣に取り組んでいる学校もある。理由は、二〇〇〇年にオーレスンド大橋ができてからヨーロッパ全土と地続きになったために、スウェーデンの南部ではドラッグが容易に入手できるようになってしまったからだ。税関がいくら厳しいチェックをしても、海からも陸からも簡単に外国へ行ける国だからその盲点はいくらでもあるのだ。一二歳から一三歳の子どもたちが簡単に手に入れることのできる「ハシシュ」から「シンナー」、「アムフェタミン」、ハイになれる「マリファナ」、「ＬＳＤ」、「エクスタシー」、「ヘロイン」とヘビーなものまで、ドラッグの種類はさまざまだ。これらを、お酒と一緒に飲む子どももいる。前述したように、一八歳以下の青少年にはアルコール、タバコ類を売っても買い与えてもいけないと法律では決まっているが、実際のところ身分証明書のチェックはなかなか行き届いていない。

酒屋は、「システームボラーゲット」(systembolaget) といって国営である。コンビニでは、ビールやサイダーなどアルコール度数三・五パーセント以下の酒なら売っているが、それより強い酒は国営の酒屋で購入しなければならない。青少年たちは、おのずと闇で売っている酒を手に入れることになる。入手先は口伝えですぐに分かるらしく、スリルを味わうために買う子どももいるくらいだ。この年ごろの子どもたちには、お酒を飲むことがカッコ良さのステイタスにもなっているらしい。そして、タバコを吸うのもそれと同様となっている。

何度もいうが、タバコやお酒は売ると罰則があるが、お酒を飲んだりタバコを吸う青少年への罰則はない。青少年たちは親が買い溜めているお酒を持ち寄ってはみんなで飲んだり、闇で手に入れたり、自宅で醸造した酒を飲んだりしながらタバコを吸っている。タバコを吸うのを許可する親もいれば、いくら反対されても吸う子どももいる。

面白いことに、タバコを吸うことに関しては学校側がかなり大目に見ていたときもある。一九六〇年代の終わりごろから七〇年代の初めにかけては、基礎学校内に子どもが吸ってもよい喫煙室とか、校庭の一部が喫煙コーナーになっていたこともある。まだ成熟期にも入っていないような幼い子どもが、タバコを口にくわえて白い煙を吐きだしていたのには度肝を抜かれた。まして、学校が公認している喫煙コーナーがあるとは……。

当時、スウェーデンという国の道徳観を疑ったものだ。革命的な国とはいえ、何もかもが当然で自然で公認されては、社会の秩序が保てなくなるのではと心配した。それが現在ではまったく逆の傾向となり、学校はもちろん、公的な場所では喫煙を禁止する方向になっている。飛行機内ではすでに禁煙とされているし、列車も喫煙は限定された場所でしかできない。

数は少ないが、生徒がドラッグを吸入して、ハイテンションのまま登校してきて授業にならないことがあったそうだ。そのために、取り締まりを厳しくしている学校がある。クリスチャンスタッド（kristianstad）市の北にあるスナップハーネ（snapphaneskolan）中学校がそれである。そこの副校長のボーデル・イングヴァルソン（Bodil Ingvarsson）は、学校側としては受け持っている生徒の教育に関して責任があるとして、毎学期、ドラッグ疑惑のある五、六人の生徒の両親に連絡をとり、尿や血液検査を半強制的に行っているという。これには生徒のプライバシーを侵害するとして反対の声もあるが、「すでに一二歳ごろからドラッグに染まるのを無視しているほうがおかしい」と、彼女は強気にいう。検査でドラッグの使用が発見されれば、早急に救う手立てがあるというのだ。検査で分かるのはアルコール類、睡眠薬などの薬物、そしてヘビードラッグだ。放任傾向の強いスウェーデンとしては、稀なる生徒への画期的なプライバシーへの介入である。

不登校・イジメ

福祉が整っていればイジメはないだろうと思われがちだけれど、イジメはどこの国でもある。学校での喧嘩、暴力、いじめなどが不登校の原因になるのは明らかである。

先日、中学生の娘のクラスの男の子が腕を怪我した。話を聞くと、これまでも問題児として有名な男子生徒Ｍは、クラスの男の子を何度かからかったり、いじめたりしており、今回も衝突して殴りあいの喧嘩になったのだという。問題児のＭは、うちの近所に住んでおり、保育園に通っているころからよく知っている生徒だ。保育園のころから自己中心的で、欲求不満が重なって爆発すると何をしでかすか分からない子どもであった。しかし、ＡＤＨＤ（注意欠陥多動性障害）などの症状はなく、度のすぎたイタズラ坊主のようだとみんなが思っていた。

両親は子どもが小学校へ上がるころに離婚して、子どもはスウェーデン人の母親の所に住んでいたが、イタリア人の父親は息子とその妹をよくつれて歩いていた。公園では日光浴したりサッカーをしたりと、わきから見ても微笑ましい親子のように見えた。小学校の高学年になるころ、時折見かけたＭは、友人たちとともに罵詈雑言を周りの人たちに浴びせていた。耳を覆いたくなる言葉を平気で口にしていたのだ。その態度もしかりで、授業妨害、教師への悪行、サッカークラブからの破門、と次第にエスカレートしていった。しかし、母親はどんなに忠告されても自分の子どもを弁護して、常に逆切れして話にならなかったそうだ。

今回のイジメで一人の生徒を傷つけたということは重大な事件で、中学校でも当然の処置として警察に訴え出たのである。彼は、即刻、少年法にもとづいて社会福祉事務所へ通告され強制隔離をされた。とかく、生徒一人ひとりを大切にして波風をたてないようにする教育界がとった異例の処置で、かなり厳しいものであった。しかし、こういう処置は犯罪の増加を未然に防ぐことを目的として、近年積極的にとられ始めている。ルンド市でも、一四歳の男子生徒が授業妨害後、教師に殺してやるといって脅した事件を警察へ通報している。さらに、一六歳の男子生徒がほかの男子生徒に暴力を振るい、同じように警察に届けられている。

先日、テレビのニュースで文部大臣の片腕でもある学校教育大臣のインゲヤード・ヴァーネルソン（Ingegerd Wärnersson）が、次のような見解を発表した。

「教育法では、学校での教育は創造性の高い人材の育成を図るために静かな環境で行われるべきであると定められているではないか。それを妨害する悪質な生徒は、事前に処置しなければならない。現

社会福祉事務所（socialbyrå）

社会福祉省の管轄で、地方にある福祉事務所。主要な事業領域は、児童福祉、高齢者福祉、障害者福祉、様々な問題をもつ個人・家庭を対象とした福祉である。またそれ以外に、医療、医薬品、保健、予防などの行政管理を行っている。地域の社会問題を社会福祉サービス法によって取り扱う所。

在のような生温かい学校側の措置をもう少し厳しくし、学校での教育環境を新たに見直すべきであり、校長にはその責任者として強い対応姿勢を望む」

厳しくすることは確かによいが、自由である枠を縮めないで適度に厳しくするのは非情に難しいと考える。また、教育者たちは、秩序をより守る気持ちを育むためにも、道徳と倫理をもっと教えることが最上の対策になるのではなかろうかともいっている。

こういうイジメはどこの国でもあるだろうが、対処の仕方は国によって違うようだ。自由、自己選択、自己責任を提唱するスウェーデンでは、個人の人格を尊重しているだけに強い姿勢に出るのは非情に難しい。しかし、やはり教育問題の重要性を考えれば、イジメへの厳しい処罰や厳格さもやむを得ないことかもしれない。でも、根本にある平等理念や真の豊かさはいつまでも変わらないでほしいものだ。

二三歳になるサーラ・ダンバー（Sara Denver）は、「友達（Vänner）」という団体を組織して、スウェーデン全土の学校などで講演をし、教師やクラスへ援助の手を差し伸べている。彼女は自分自身がイジメにあい、それを克服したことに力を得て、イジメにあっている人を現在は助けている。彼女は容姿端麗の典型的スウェーデン人女性で、とてもイジメにあっていたとは思えない。彼女が当時を振り返って話すのだが、クラス全体の雰囲気がすでに初めから悪かったという。全体にまとまりがなく、幾つもの小さなグループに分かれていて、そのどのグループからもはみ出ていた人たちが彼女も含めて数人いたそうだ。

それがいつからか、彼女一人対クラス全員という関係が始まり、嫌がらせを受け始めたそうだ。彼女が通るとヒソヒソと話をしたり嘲笑したり、パーティに招かれなかったりしたそうだ。それでも、一年ほどは我慢した。しかし、堪え切れない、学校へ行きたくないと思ったころにクラスの人気者である人がサーラの味方をしてくれた。すると、第三者的に傍観していた人たちは徐々にサーラを認めるようになり仲間になってくれたそうだ。最終的には、イジメを先導していた人たちも意地悪をしなくなったという。

学校でのイジメをなくす方法として、「友達」が行っているイジメ対策の幾つかを紹介する。

- イジメとは何かの講習を教師に指導する。
- 生徒の年齢にそった、イジメを取り上げた演劇の鑑賞やロールプレイをする。
- 対処方法の講習を受けた同年齢の友達をイジメ対策員として各クラスに二人選び、いじめられている人のサポートをする。
- イジメの情報や説明を親たちに知らせて協力を求める

そして、イジメを受けている人には次のようにアドバイスをしている。

- あなた自身が間違っているからいじめられるのではないということを絶対忘れないように。
- イジメが自然消滅するとは決して思わないように。

- 信頼のおける人に、必ずどういう風にイジメを受けているかを知らせること。
- 嫌がらせを受けたら、「ノー」という自分の意見をしっかりいい、かつ態度で示すこと。

これらのことは、日本でも通じることではないだろうか。

日本からの福祉視察団が来たときに、私が勤めているハビリテーリングセンターでスウェーデンの医者を含めた医療チームとともに話す機会があった。そのときに、児童精神科医をしているビョーン・ヨハンソン（Björn Johansson）も同席した。彼は視察団の人から、スウェーデンでの登校拒否児対策はどうしているのかという質問を受けた。

この質問は、日本人にとっては非常に興味のあるところであろう。学校自体が自由で伸び伸びしていれば、登校拒否などは存在しないだろうと思える。しかし、実際はどんなに自由な学校でも登校拒否児はいるのだ。それは、児童にかかわる群れという集団のなかで常に強者と弱者が発生する問題のため、弱者が受ける心理的なものが原因で身体的症状が現れ、頭痛や腹痛になり、さらには学校へ行かないなどの物理的症状として現れてくるのである。

ビョーン（クマという意）は、名前の通りクマのようにゆっくりと穏やかに説明する。精神科医だからこの話し方になるのか、おっとりとした性格だから精神科医になるのかは知らないが、静かな雰囲気を醸し出している。

「スウェーデンはイジメのゼロヴィジョン、つまりイジメ撲滅対策を掲げてイジメゼロを目標にしています。その対策は、イジメや登校拒否児が見つかれば、まず当たり前のことですが、その児童がなぜいじめられるのか、また不登校になるのか、その原因を詳しく調査します。主な原因は三つあって、第一に挙げられるのが、学校環境が問題になっている場合です。それは単なる仲たがいなどの友人関係から、先生と意見のあわない場合などの教師と生徒間の関係、自分のレベルにあわないでついていけない科目や嫌いな科目がある場合、あるいは身体上の発達や、成長にあわない学校の家具や学校行事などという環境問題などです。

第二には家庭環境です。両親の不和や家庭の経済状態、両親がアルコール中毒症であったり薬物中毒症など社会問題を抱えている場合、失業している場合、そして兄弟関係では、立派な兄弟姉妹から自分だけ外れていると思っているなどがそれに相当します。親子関係では、自分は愛されていないという思いがあり、また実際に嫌われている場合があります。

第三には、本人の病的な精神構造が挙げられます。心理的異常の現れで、思い込みが激しいとか潔癖症などのように何らかの精神障害をもっている場合です。この三つのどこに原因があるかをしっかりと調査して見極め、すぐに生徒を学校へ戻す工夫をしています」

「ええー？」と、日本人のみんなが驚いた。

「学校へ戻すのですか？　日本では、学校に疲れた子どもはそのまま自宅で過ごしてもよいといわれ、一年も二年も待つようにと精神科医もすすめるのですよ」

「そうですか。そんなに長い間自宅で過ごして、その効果はどうですか？　みんな、学校へ戻っていっているのですか?」と、ビョーンはゆっくりと首をかしげて質問する。

「ウーン……」

みんな絶句する。日本では学校へ戻る割合が非常に少ない。逆に、引きこもり症候群などが急上昇している。戻る子どもも確かにいるが、そのほとんどはほかの学校へ転校しているし、そこの学校も休学したりやめているのが現状である。

ビョーンは、三つの原因である病巣を取り除くか改良することによって、生徒は自ら登校するようになるという。病巣を摘み取らないで登校させるのは、ライオンの檻のなかにウサギを一匹放すようなものであるともいう。病巣を取り除かないまま、本人の登校や自覚を期待しても無理だろう。もっとも難しいのは、第三の病的な精神構造である。この場合、必ず専門家の心理療法や薬物投与が必要となる。

息子が高校へ入学してまもなくのときだが、学校で急に熱が出て気分が悪くなり、保健養護教師に許可をもらって早退し、自宅で薬を飲んで眠っていた。突然、電話が鳴ったので、息子は眠たげに受話器を取り上げると何と高校の校長からだった。何か学校であったのかと、早退の理由と許可の有無を優しく尋ね、病気だと分かると、気分はどうか、入学してからの学校への期待はどうか、失望していないか、一人で寝ていて大丈夫か、母親に連絡しようかなどといろいろ心配し、その後、元気になって早く学校へ戻るようにといったという。

息子は友達に恵まれ、高校生活をエンジョイしていたから何ら問題はなかったのだが、この校長からの電話には、驚きよりも感動したといっていた。数百人といる生徒のなかで不透明になりがちな一人の生徒にいきなり光が当てられた感じであった。このように、実際は病気早退ではあったが、校長自らが登校拒否に対して注意をし、また対処しようとする気持ちがありありと伝わる出来事であった。不登校への非難よりも、学校側が示す生徒の精神的な安否を気遣う気持ちが、登校拒否の予防にもつながるのではないだろうか。

第4章 高校

Gymnasieskola

高等学校概要

高校は、義務教育ではなく自由選択である。職業専門種類四四種や大学進学をめざす理工科系、商業科系、社会科系などの一七分類の国立標準プログラム（コース）のなかから学校を自由に選ぶことができる。大半の高校は三年間だが、専門コースは一年から四年生まである。最近の高校は、自らがその特色などをアピールして中学生が進学先を決めるときに選びやすいように努力している。専門職業をめざす学校（美容師、カメラマン、コンピューター、メディア、土木建設など）では、授業のほかに一五週間の実習を現場で受けることになっており、実用的な教育として生徒の間で人気がある。大学をめざす標準プログラム（コース）でも、ほかに特別プログラムや個人に合わせたプログラムなどがあり、より豊かな高等教育を実施できるように指導要領も枠が広くなっている。

義務教育を終えて一時期社会で働いたり、留学や留年したりしても、二〇歳までは高校へ入学する資格をもっている。しかし、二〇歳をすぎると、今度は高校ではなく成人学校（二三一ページ参照）で高校で学ぶべきことの勉強をすることになる。そして、知的障害者や身体障害者のための高校では、特別高校と称して、三年間だけではなく二〇歳までゆっくりとしたスピードで勉強ができるようになっている。

高校生の生活

ロビーサ（Lovisa）は高校二年生で、インターナショナル・エコノミープログラムで勉強している。このプログラムには英語コースとスウェーデン語コースがあって、彼女はスウェーデン語コースに通っている。毎日、宿題に四苦八苦しているという。競争意識もかなり強く、負けず嫌いである。いわゆる、勉強熱心な優等生なのだ。英語、フランス語、ドイツ語、そしてスウェーデン語の四ヶ国語を自由に操る。ところが、彼女もたまの週末にははめをはずすこともあるという。友人たちと集まっては、両親のいないときにパーティを開くのだ。両親はというと、同じように友人のパーティに出席している。飲んで食べてレンタルビデオ（二〇～五〇クローネ）を見ながらワイワイいうだけなのだが、日本では考えられないような夜中の三時ごろまでゆうに遊ぶし、友達の家に泊まってしまうこともある。

日曜日にあるテニスクラブで彼女と一緒になるのだが、そのとき、「二日酔いで頭が痛いし、身体がだるくて動けない」と何の悪気もなく話す。「門限は？」と聞くと別にないという。

このように、パーティで夜遅くまで騒いだとか酔っ払ったということを恥じずに、逆に自慢気に話すことはどこの学校でもこの国では当たり前らしく、また職場にいても同じようなことが多々ある。こうなると、スウェーデン人のお酒の飲み方を疑いたくなる。

話がそれるが、スウェーデン人がお酒を飲むときには実に豪快に飲む。月曜日にみんなが集まると「週末は飲みすぎた。飲みすぎて、誰それは熱帯魚の水槽にゲロを吐いた」とか「そのまま玄関ホールでつぶれて眠ってしまった」などと、いかに泥酔してしまったかを具体的に解説してくれる。

私もスウェーデン人とともに数えきれないほどパーティを開いたり招かれたりもしたが、夜遅く開かれるパーティでのスウェーデン人の飲みっぷりは本当にスゴイ。胃が焼けるような食前酒スナップスを、平気でゴクゴクと飲む。とにかく強いのだ。飲めない私は、アルコールを解毒する酵素が足らないから、すぐにアルコールが血中に出てしまうので弱いのだと説明している。これは大半の日本人がそうであるらしく、「アストラ（Astra）」という製薬会社に勤めている化学博士の友人は、日本人グループが視察に来ると、頭痛薬をモルモット代わりに飲んでもらってその効果を調査しているというくらいだ。解毒用の酵素があるか否かで頭痛薬の効果も相当違うようで、日本で販売するのには必要なデータらしい。

スナップス（Snaps）

各種のハーブの香りをきかせたウォッカの一種で、アルコール度は40度とかなり強い。仲夏祭やザリガニパーティなどの行事に祝杯として小さなグラスで一気に飲み干す。別名「ヌッべ（Nubbe）」ともいう。ちなみに、このザリガニパーティーはスウェーデンの夏の風物詩にもなっており、ザリガニをつまみに、気のあった仲間が集まってワイワイガヤガヤと騒ぐパーティーとなっている。

でも、飲めなくったってパーティは楽しめる。しかし、若者たちは、たくさんお酒が飲めれば飲めるほど仲間から羨望の的になるようだ。お酒を飲むマナーも、年齢とともに学習していくのかもしれない。次第に食事を楽しみ、お酒の味を楽しみ、パーティの和を楽しむようになる。

まあ、この年ごろは実験の世代だし、自分たちも結構悪いことをしていたからと多くの場合はみんな認めている。とにかく、学校の勉強と健康を損ねない程度ならばＯＫだというのが一般論らしい。門限も、あまり厳しくすると仲間外れの対象になるとして、パーティの場合などは多少遅めとなっている。

あるスウェーデン人のレポーターが、日本の街頭の至る所にタバコや酒の自動販売機が置いてあるのに驚いて、中学生や高校生の日本人にインタビューしているシーンがテレビで放映された。

「こんな所に自販機があれば自由に買って飲めるでしょう。買ったことがありますか？」

「ないです」

「何故ですか？」

肺ガン予防協会の看板
「パンッ！あなたは死ぬ」

「だって、禁止されているから」

「ええっ！」

レポーターは驚いていた。

「こんなに自販機があればスウェーデンでは大変だ。もう夕方にはみんな群がってるはず。タバコが堂々と買えてしまう」

禁止だからしない、という言葉にスウェーデン人は納得がいかない。禁止だったら余計に若者は酒やタバコを買うのではないかというのだが……。たぶん、そうしている日本人の若者もそれなりにいるだろう。しかし日本では、一般論としていえば、禁止されていると大半の人はそれに従うのも確かである。それだけ社会的な道徳感が高く、マナーが良いともいえる。

誤解されないようにいっておくが、酒もタバコもしないで、真面目で勉強熱心なスウェーデン人の高校生もたくさんいる。しかし、何でも試してみたいという若者の行為は、勉強のできる人もできない人もあまり差はない。多感な青春時代に禁じられているタバコや酒を試してみたいという時期が人間にはあり、またそういう誘惑に弱いのも人間であろう。タバコを吸うから不良、酒を飲むから非行に走っている、流行《はやり》の格好をしているから品がない、などとレッテルを貼るのはやめたほうがよいといいたい。逆にいえば、このようにストレスを発散できる子どもはまだしも健康で、発散できず内側に引きこもってしまう子どものほうが心配なのである。

スウェーデンでは、大半の人がこの時期にこのような経験があるためか、お酒を飲んだりタバコを吸うから不良だと断定する人はあまりいない。道徳的に問われれば、お酒は飲まないほうがいいし、タバコも吸わないほうがいいと多くの人が答え、積極的にどこの学校でも禁止の方向に動いている。体に悪いタバコや酒やドラッグの使用は間違っていると自己認識させる方法を、学校とともに親が考えなければならないと思う。少し前と比較してみても、酒も喫煙する人も大幅に減少している。

自暴自棄になりやすい年ごろ、若いからこそいろいろな格好もしたいし試してもみたい年ごろ。自由選択の枠を年齢とともに広げながらも、厳しくモラルを追究する。両方のバランスをとるのが非常に難しい。大人の価値観を子どもに植え付けようとしても、その子どもの価値観は年代とともに常に変化していく。もともと違いがあるからこそ大人であり、若者であり、子どもなのであろう。

月曜日からロビーサは、再び馬車馬のごとく点取り虫に大変身する。

スウェーデン語

一九八〇年代からスウェーデンでは、母国語の読解力と筆記力を調査するために、高校一年生を対象に全国一斉に共通テストをしてきた。マルメにおいて一九九四年から五年間の共通テストの結果を調査したところ、スウェーデン語のできない高校生が増えていた。

「二五〇〇人の高校一年生のなかで七四〇人がまったくできないために、勉強に大変な支障をきたしている」と、教育委員会のリーダーでもあるグン・ヴィークルンド（Gun Wiklund）は朝刊紙の〈シドスヴェンスカ〉で述べている。

読解力が欠けている場合は、ほかの科目にも多大な影響を与えてしまう。たとえば、数学でも応用問題になると意味が理解できないので、計算はできても問題が解けないなどである。要するに、中学校を卒業するときにスウェーデン語という基本科目を「不可」のまま卒業して、総合得点で高校へ入ってしまったということになる。

父親がブルガリア人で母親がユーゴスラビア人、話す共通言語はロシア語で、居住地はスウェーデン、観ているテレビは英語となると五ヶ国語が成長期の周りを飛び交うことになる。子

ある高校の授業風景

どもは一〇〇ヶ国の言語を覚える能力があるといわれているが、実際には、多国語のなかで育つ子どもは、一つの母国語も完全には覚えられない傾向にある。一見すると何ヶ国語も話しているように見えるが、日常会話では語彙がかぎられており、学習に必要な語彙や抽象的な表現や読解力を完全に持ち合わせている子どもは珍しい。

語学の才能のある子どもは、音楽や運動の才能のある子どもと同様、無理に教えようとしなくても言葉さえ耳に飛び込んでくれば自らのものにしていく。あるいは自発的に言葉への興味を示し、スポンジのごとく言葉を吸収していくのだ。しかし、多くの場合はそのような素質のない子どもばかりだ。発語や言語がなくて、私の勤めるハビリテーリングセンターへ発達遅滞の評価に養護教員からの依頼書は後を絶たない。また、素質があっても、語学の貧困な環境のなかで育つと抽象的な言語表現の理解力が低下したままになりやすい。スウェーデン語を完全に理解しないまま移民の子どもたち同士で遊び、自分たちだけで分かる言葉や新語を発案して貧困な語彙を繰り返すだけでは、のちのち読み書きにも支障をきたすし応用もきかなくなるだろう。学校では特別教育教員やアシスタントの援助を強化しているが、それでもまだ十分ではないのだ。グン・ヴィークルンド女史が「驚きよりも絶望を感じる」と、記事に追記しているのも頷ける話である。

スウェーデンが抱えている悩みは、スウェーデン語が母国語でない生徒、また移民出身国の母国語さえも完全にマスターできない生徒、つまり学校教育に必要な「国語」が宙に浮いた状態の生徒たちにある。

成長懇談会

あと二週間すると「成長懇談会」があるから、希望の時間を書いて返信してくださいと書かれた用紙を息子が高校から持って帰ってきた。月曜日と水曜日の午前中、火曜日と木曜日の午後と書かれている用紙に、水曜日の午前中なら職場がコーヒーブレイクをしている間に行けると判断して、その旨を書いて提出する。

高校での成長懇談会も小学校、中学校と同様、やはり先に目を通しておくべき質問用紙が配られる（**図9参照**）。当日、これを教師とともに目を通していくのだ。

懇談が始まるときに、退職も間近の老教師は、一八歳以上になると両親は成長懇談会に来なくてもよいと静かにいった。それ以後は、息子と学校との問題だからと。一八歳になると成人するので、すべては自分の問題となり親の責任ではないというのだ。要するに、自分が勉強したければどんどんすればよいし、怠けたい人は怠けてもよい。すべてが自分の責任になるということであり、一人の人間としての生き方がますます要求されることになる。

それにしても、自立するということが具体的にこのように学校からいいわたされてしまうことには感心させられる。すでに、出席しない親もたくさんいる。私は仕事で家を空けることが多く、息子はインスタントラーメンをつくっては妹に食べさせていた小学校の低学年ごろから、ある意

図9　ヘレネホルム高校の質問用紙

成長懇談会

下記の質問によく考えて答え、成長懇談会にのぞむこと

1．どのように自習管理（勉強）をしていますか？

2．学校生活（時間割、グループワーク、生徒会、教師、クラスの移動など）は円滑ですか？

3．学校生活が円滑でない事柄や、その原因は何だと思いますか？

4．自分で得意とする科目は何ですか？

5．自分の苦手とする科目は何ですか？

6．これから改善していきたいと思うことは？

7．どのように教師はあなたをサポートすればよいですか？

8．特別講習が必要ですか？

9．学校での保健医療が必要ですか？

10．高校生になってあなたはどのように成長したと思いますか？

11．何か障害はありましたか？

12．学校生活をエンジョイしていますか？

13．クラスの雰囲気はどうですか？

14．何か学校以外であなたの学習を邪魔する事柄がありますか？（たとえば、アルバイトや家庭の引っ越しなど？）

15．そのほかについて、何か意見や考えていることはありますか？

味では息子はすでに自立しており、私も親離れはしっかりしていると思っていたけれど、これが最後の成長懇談会かと思えば突き放されたような、少々寂しいような、そして責任から解放されてホッとするような複雑な気持ちになってしまう。社会的には自立している一人の人間と見なされる一八歳、法律にも触れ、自分の行動には責任をとる成人と見なされるわけだ。親離れする子どもと子離れする親、不思議な気持ちと戸惑いのなかで息子と教師のやりとりを聞いていた。

また、教師のほうも成人になる生徒と一対一で接し、教育責任も大きくなる。この教師という職業についていうと、現在、スウェーデンでは学校教員になる人数が急激に減少している。一九八〇年代後半のベビーブームのときに生まれた子どもたちが成長してクラスの数も増えているために教師の増加を必要としているのだが、教師の労働条件が悪いということや、そのほかの理由で教師へのなり手が少ない。給料が安い、夏休みの九週間のうち二週間を返上して学習の準備期間にあてなくてはいけない、そしてもっと重要な理由として、生徒の自由奔放な言動に本来の教育ができないというものがある。

受け持ちの生徒人数は少ない。夏休み、冬休み、スポーツ休み、春休み、秋休みと、数日はプランニングのために学校で会議を開くそうだが、休日は一般社会人に比べて圧倒的に多い。だから、その分給料が安くなっている。しかし、その給料も医療職員、たとえば看護婦に比べると多いのである。

また一方では、スウェーデンの教師の質は低下していると教員組合の月刊誌などで心配されている。数学などの知識もないままに教壇に立っている資格なしの教師も多く採用されている現状は否めない。本来の教師のあり方も議論され、知識と教育だけではなく、教師の人間的資質、社会性なども問われている。要するに、教師になるための教師自身による意識改革が叫ばれているのだ。文部省では、各教育大学へ教師の育成方針を募り、新しい改善対策を整えようとしている。

ベテラン教師である友人は、教師へのなり手が少ないのを嘆いている。かつての保守的な教育を考えると、「今のほうが子どもたちの顔も生き生きとしていてよいし、面白いのに」ともいう。しかし、確かに秩序もなく、授業を妨害する生徒が増えているのも事実で、それゆえに辞めていく教師も多い。

そんななかで立派にここまで教鞭をとってきた息子の教師、年齢とともになるべく責任から逃れようとする多くの教師と違って、生徒主催の演劇に参加したり、政治にも興味をもってデモンストレーションに参加したり、クラス旅行では、ベルリンやプラハまで担任として同行したりしている。頭が下がる思いだ。

息子のクラスでは、この教師が誕生日を迎えたときに、彼の好きな本と花束を生徒がお金を出しあってプレゼントしたそうだ。すると彼は、嬉しさのあまり感極まって涙ぐんでいたという。最後の成長懇談会で、これまでのお礼を丁寧に述べて別れた。

妊娠と避妊

一五歳から一九歳の妊娠中絶の傾向を調べる調査が、全国の一〇〇〇人を対象にして社会庁によって行われた。それによると、一九九〇年代の中ごろには半減していた中絶数も、後半にはまた増加してきたという。これは全国的にそうだというのではなくて、マルメ市にとくにその傾向があるそうだ。理由は避妊ピルが無料配布されなくなったからで、移民の多い地区には堕胎者も多いという結果が出た。避妊薬が年間二〇〇クローネ（約二三〇〇円）とかなり安いのに、それを購入して欲しいと、異文化のなかで育った両親には切り出せない若者が多いらしい。貞操観念の強い移民の人たちの間では、スウェーデンの自然かつ自由な性活動を必ずしも認めていない。「郷に入っては郷に従え」などはもってのほかで、「我が道を行く」そのままである。その狭間にいる若者たちは、世代の断絶というよりも二重文化に悩まされていて、避妊薬などを入手しないまま妊娠中絶という結果を招いているのかもしれない。

ストックホルムやゲーテボルグなどの大都市には一〇代を対象にした「ヤング診療所」がたくさんあるが、マルメには二ヶ所しかない。移民の多いこの地区に、このような若い人を対象とした診療所をもっと増やして欲しいし、性教育をもっと充実させて欲しいと助産婦さんたちは目下運動を展開している。

ヤング診療所（Ungdomsmottagning）には専門の医者や看護婦、カウンセラーがいて、身体の診察や診断をするのと同時に、避妊や中絶などの性問題を専門として相談を受け付けている。避妊ピルの許可書やコンドームの無料配布、中絶のための「明けの日ピル」の無料配布、避妊方法、ＨＩＶ（エイズ）などについて、そしてセックスについても、飲酒したうえでのむやみな行為をやめ、愛情を優先するように若者たちにインフォメーションを与えている。誰でも二〇歳まではヤング診療所を気軽に利用することができるので、若者たちにとっては心強い診療所となっている。

一五歳になると、スウェーデンではみんな「ズボン成人する」という。これは、一五歳をすぎるとセックスしても法律に触れなくなるので、ズボンを脱ぎ捨てて、処女・童貞を捨てて大人になるということである。

「好きだ、好きよ」と、互いがいとおしくなれば性行為に入るのがもっとも自然な形であるとスウェーデンでは受けとられている。スキンシップは幼いころからあるので、特別なものではない。朝、出掛けるときにほっぺにチュ、帰ったらチュ、誕生日にチュ、サッカーでよく頑張った！とチュ。互いをハグ（抱擁）して挨拶代わりにチュをするのであるから、それ以上に身体に触れることもかなりすんなりと受け入れられるのであろう。

しかし、あくまでもセックスは恋愛上の行為であり、だれかれとなくセックスをするものではないという道徳観はみんなもっている。日本における男女交際が、公のものと援助交際などのような裏面のものがあることを考えたら、まだスウェーデンの若者たちのほうが道徳観が強く正道をいっているように思える。ただ、日本と違ってこちらのスキンシップは、小学校高学年や中学校のディスコ大会ですでに男女がチークダンスを踊りながら唇を触れあっているし、保育園でもキスをするゲームがあるくらいだから、「ファーストキス」といったような神秘的なものはない。このような環境がゆえに、高校生にもなってセックス経験がないというのはおかしいということになるのかもしれない。

高校生による社会批判

政治に関心をもっている高校生が結構多い。小学校からすでに政治への関心や政党に批判する精神を養う下地が教え込まれているので、どの党にも属さないいわゆるノンポリでも自分の意見をもっているし、自己主張をきちんとする。特権階級への反抗、環境汚染への反対、人種差別への反対、あるいは新ナチス党のように他人種の撲滅行為などに対して、まだ感受性の強い若者たちが集団となって自分たちの見解を主張している。

言論の自由が、この国では無限大にあるともいえる。単に言葉だけでなく、ある種の服装をまとえば、すでにそれがその人個人の意見にもなっている。たとえ、マークの一つでも政治のシンボルであるから、一つ一つを考えたうえで身に着けるようにしている。単に、ファッション性だけで身に着けたりは決してしない。

マルメでも、二〇〇〇年九月八日に「レクライム・ザ・ストリート（Reclaim the street）」という表明デモがあった。これは、中・高校生が夕方になると集まっていた、コミューンが運営する余暇センター（Ungdoms gården）が予算削減のために多くの所が閉鎖されて、行き場を失った若者たちが路上に放り出されたことが原因であった。憤慨した若者たちは、その削減政策に対して反対表明をしたのである。

発端となったのはストックホルムの若者たちで、交通量の激しい広い道路を占拠して、ライヴバンドで踊ったりピクニックをしたりと、自分たちに自由な場所を確保してくれるようにアピールしたのである。しかし、そのときに警察側は、道路の両端を騎馬隊や防具を身に着けた警官隊で封鎖し、若者たちを挟み撃ちにして一人も逃げ出せなくしてかなり厳しい制裁を加えた。テレビのニュースでもその様子が生々しく放送され、一人の女性を四人もの大柄な警官たちが殴ったり引きずり回したりしていた。重軽傷者が出て、後日、警察側の横暴さを非難する世論が高まった。

今回の、マルメの表明デモもその一つである。八〇〇人ほどの若者（そのほとんどが高校生や大学生）が、王立公園に集まってBGMをかけながら踊るなどして、ちょっとしたヒッピー時代を彷彿させる風景だった。その集団がメーンストリートへデモに出ようと公園を出発したところで、特別警備隊で固められていた警察側と衝突した。騎馬隊や警備用の犬に追いかけられて、右

静かなはずのデモが後に警察官と衝突

往左往して逃げ回る若者が一六〇人も捕まった。翌日の朝刊紙〈シドスヴェンスカ〉には、その場に居合わせた一人の中年の男性が警察の横暴さに対して「ちょっとやりすぎじゃないか？」と非難しただけで、公共の秩序を乱し、法律を駆使している警察の邪魔をしたとして、この中年の男性も一緒に連行されたと報じられていた。

　息子の友達も警察に拘束されたが、一八歳をすぎてすでに成人と見なされた人は、名前とパーソナル番号を聞かれただけですぐに帰してもらったそうだ。しかし、未成年であるほかの高校生の友達は、親が迎えに来るまで留置所で過すようにと残された。警察側は、許可なくデモをしようとした集団を止めようとしただけと主張し、またそのうえ、暴動に発展する可能性があったので未然に防ごうとしたともいっている。

現に、二〇〇一年六月一五日には、ゲーテボルグで開かれたＥＵ（欧州連合）首脳会議にデンマークやドイツから集まったデモ隊が経済のグローバル化に反対して抗議運動をし、そのなかの一部の人が暴走して警察官に投石するなど破壊行為が激しくなり、最終的には、警察官が発砲したピストルによって二人の負傷者を出して鎮まったという事件もあった。

　こういう若者たち特有の発言や行動は、現在も過去もそんなに変わりはない。自然公園の一部の樹木を切り倒して新しい建造物を建てようとしたとき、ストックホルムでもマルメでも若者たちはそれに反対するために、木に登って縄で幹と自分の身体をグルグル巻きにしたたし、原子炉建設の反対デモでは金網に自らの体を縛りつけていた。ともに、さほど古い話ではない。

　純粋な感性をもつ若者たちが、偽善と不正にまみれた権威の象徴でもある社会体制に反発を感じるのは当然だろう。ただ、それをどんな形でどのように表現するのかということが問題となる。精神的に抑圧されて、どこにも発散する場所もなく追い込まれて、突然、発作的に「キレル！」というよりは、過激な破損行為や暴力には決して賛成はできないけれど、多少の革命論に熱心に唾気を飛ばす若者たちのほうが健康的に見えるのはなぜだろうか。

　エネルギーの発散できる場所、破壊することよりも創造性が生かされる場所、好きなことに没頭できる場所、社会が若者に示す寛大さや余裕など、少年犯罪を未然に防ぐ方法はたくさんあると思う。

一七歳の投稿欄

マルメの朝刊紙〈シドスヴェンスカ〉には、一七歳未満の子どもが投稿するコーナーがある。これは中・高校生の間でとても人気があり、毎日、それこそ山となるぐらい投稿があるそうだ。そのため、毎日に設けられているスペースだけでは掲載ができないので、週末には一ページ全部を使うとか、あるいは数ページの特別企画にするなどしてすべての投稿を紹介するようにしている。投稿する者はちゃんと住所、氏名を書かないと掲載してくれないのだが、紙面上では匿名となっている。

投稿の内容は、世界中で共通となっている話題が多く、恋愛、孤独、流行の服装、ポップスター、アイドル、音楽、学校への不満、親への不満、死、環境汚染、人種差別、イジメ、セックス、友情など、それらを一つ一つ取り上げていくだけでスウェーデン人の若者がどのような考え方をし、どのように判断して生活しているかが分かる。ここで、少しだけそれらを紹介する。

【投稿1】

ずーっと考えていたことを書きます。

私の両親……この投稿は長くなるので、読みたくない人は今は読むのを止めてください。

私の両親は、離婚寸前までもう何度も行きました。おかげで、何度も絶望を経験しました。だけど、このことを誰にも話しませんでした。親友にだって打ち明けていません。

私が小学校五年生のときに、最初の離婚騒動がありました。父が母を責め始めたのです。その理由はたくさんあるので、ここでは省きます。とにかく、父はそのときに初めて「離婚をしたい」と言ったのです。二度目はその二年後です。その間も、夫婦喧嘩が絶えませんでした。母は、父の叱責に耐えられないで、家を出て友達の家に数ヶ月間住んでいました。私は父のもとでそのまま暮らしていましたが、父はずーっと母の悪口ばかりをいってました。母が嘘をついていると信じ込んでいる父は、母が騙したとさえいっていたのです。私はそんな父のいうことが信じられなくて、また父が憎くてたまらなくて、毎日が悲しくてどうしようもありませんでした。母が後日話してくれたことなのですが、当時の父は精神的な病気で鬱状態だったそうです。母はずーっと父を説得していたのですが、騙されたと思っている父は頑固で主張を曲げることがなく、母はあきらめてしまいました。

不思議なことに、当時、私は父を守りたいとも思っていたのです。すべてを忘れ去ろうとしているのでこんなことを書くのは非常に辛いのですが、あえて書きます。私は、友達を家へ呼ぶのが恐くてずーっと呼べませんでした。今にもケンカを始めそうな両親の、仲の悪そうな雰囲気を友達に気づかれるのが恐くて呼べなかったのです。もちろん、友達は私の話を聞いてくれると思うし、相談にも乗ってくれると思いますが、どうしてもいえませんでした。

妹が友達を連れてくるだけで、今にも両親が大声を出すのではないかと、恐くて恐くて自分の部屋に引きこもっていました。

　今になって、どうしてこんなに自分の気持ちを隠し通せたのだろうと驚くほどですが、当時はそうせざるをえなかったのです。

　両親はまだ離婚をしておらず、二人の仲は今のところはうまくいってます。お互い、嫌な部分には目をつぶって努力をしているようです。だけど、私はいまだに友達を家に呼ぶことができないのです。呼ぼうとするのですが、嫌な思い出がストップをかけるのです。今では涙を流さなくても思い出すことができますが、本当はとても苦しくて……早く忘れて、毎日楽しく幸せに過ごそうと努力はしているのですが。……周りの誰にも気づかれないように、早く忘れてしまいたいです。

　まだ、このことについては父とは何も話していませんが、私は父を許してあげています。こんな気持ちを誰かと分かちあうことができれば一番よいのでしょうが、私にはこんな形でしか話す気になれないのです。たぶん、この投稿欄を読んでいる人のなかには、私と同じような気持ちで生活をしている人がいるのではないかと思います。最終的にはどうにかなるものでしょうから、お互いに頑張りましょうね。

サイレント・ボイス

【投稿2】

ちょうど今、座ってモダンさんの投稿を読み終えたところ。それで、自分と親との関係を考えさせられた。

私と親は、とにかく何でもかんでもすべてにおいて乏しい関係。私は、親を信用していない。親の注意を引くように私は何度も親を騙したり失望させたりしたから、親も私を信用していない。夜、帰るのは遅いし、どこに行くかもいわないし、どこに泊まるかの電話もしない。私の仲間は、酒は飲むしドラッグもやる仲間。私の親友も、もうすでに薬中毒になりつつある……。だから、彼女が帰りのバスに乗るまでの面倒を見るのはいつも私の役目。

だけど、それでいいのかどうかを尋ねてくれる人は誰も周りにはいない。仲間のみんなは、私が彼女の面倒を見るのが当たり前のように思っている。平日の夜中三時ごろに帰って、朝六時に起きて学校へ行くなんてとてもできる状態ではない。学校では、欠席の多い私のために特別教育教員がついて個別授業をしてもらっているけれど、もちろんこれは、私がちゃんと学校へいくと想定しているからで、そうしない場合は……。

今になって考えてみると、ずいぶん後悔することばかり。親のいうことを無視したり、門限も、注意も、生活の枠も、私のためだけに決めてくれたのにシカトするだけでまったく聞かなかった。ああ、すべての時間が逆戻りしてくれるなら……。

だから、ここでいいたいことは、良い親子関係をあなたが保っているならばそれを決して壊さないように!! とにかく壊すな! 絶対後悔するに決まっているから。

今、後悔しなくても、将来いつか必ず後悔すると思う。後悔したときにはすでに遅いから。

もし、親子関係が崩れ始めている兆候があるならば早く直すように。簡単に直ると思わないほうがいいと思う。難しくて当たり前だし、難しいうえに七面倒臭いことがこれからもずーっと続くかもしれない。でも、それに負けないで。

クエスチョン

【投稿3】


両親の離婚について、ちょっと一言いわせてもらいたい。親が離婚するのはそれでいいと思う。嫌な人と毎日生活するなんて、結婚生活に何の意味がある? 私の両親が離婚したときも、それでいいと思った。そのほうが二人とも幸せだし、私も両親のケンカを聞かなくて済むから気楽だ。

もし、親が子どものためだけに離婚しないなら、子どもとしての私のほうが罪悪感を感じる。だって、二人とも互いを嫌っていることは分かっていることだし、私のせいで愛情もないのに二人の生活が続くなんて堪えられない。それよりも、別れて好きな人と幸せでいてくれるほうが楽だ。

両親が別れるからって、子どもが親から離れるわけではないでしょう。もちろん、子どもとしては離婚してほしくないとも思うけれど、もう少し親のことも考えてあげたらと思う。あなただって愛していない人と強制的に一緒に生活させられたら、どう思う。あんまり楽しくないでしょ！

まる虫

【投稿４】

どうして、みんなホモ（同性愛）やバイセクシュアル（両性愛）に対して反対なのか？ホモもヘテロセクシャル（男女間の恋愛）と同じように自然だと思う。ただ、女と男は後継者をつくるためだけに分かれているのであって、同じ性同士が愛し合ってはいけないとはどこにも記されていない。もう一つおかしいと思うのは、一部の人は同性愛も男女間の愛も認めているから勝手に自分は両方ともいけると思っていること。実際には、同性同士でキスすらしたことがないのに。同性とセックスして、初めて自分がホモかそうじゃないかいえると思う。

それから、菜食主義者。私は今は魚介類を食べる菜食主義者だけど、もう少ししたら本格的に魚介類も食べない菜食主義者になろうと思う。野菜だけでも十分生きていける。でも、両親は菜食主義を信用していないので、親のつくるものしか食べれないのが今の状態。一八歳（成人）になったら独立して、完璧な菜食主義になってやる。死んでいる肉、つまり死体を食べるなんて考えられないだろう。

もう一つ最後に、どうして、みんなはパンクやアナーキストたちを見下すのか？ なかにはもちろん、サタニズム（悪魔崇拝）などみんなの注目を浴びたくて異常な行動に出る人もいるけど、服装だけで決めてほしくない。見られるのは平気だけど、きわどい化粧したり、パンクルックだけでひどい奴だと思わないでほしい。今の社会の悪いところを指摘するのも、我々の特権ではないか。

先日、郵便局で並んで順番を待っていたら爺さんが割り込んできたので注意したら、「そんな格好している奴に文句をいう権利はない!!」といわれた。どういう意味だ！ パンクルックの奴はこの社会に存在してはいけないというのか！ 自分がした行為は正当化されるのか！

黒バラ

【投稿5】

私の学校では、毎年「一日慈善授業」という日があります。その日には、すべての生徒が学校を休んで社会へ出ていきお金を集めるのです。街頭で歌を歌ったり、楽器を演奏したり、両親の会社へ手伝いに行ったり、そのほか一日アルバイトなどをしてお金を集めるのです。集めたお金は、今年は発達途上国でもあるガーナへ送金されました。ガーナでは、お金持ちの子どもしか学校へ行けないのです。そこで、今回の寄付したお金は、ガーナの貧しい地域に学校を造るためでした。また、ちゃんと子どもたちがこの学校へ通学できているかも、のちには調べるそうです。少しでも、私たちの慈善事業が役に立てば嬉しいです。

慈善授業フレンド

【投稿6】

少し、私の考えていることを書きます。

私の本心。今、自分の部屋で座って泣いています。でも、なぜ泣くのでしょう。泣く理由などどこにもないのです。本当に、どこもかしこも完璧なのです。素晴らしいパパとママがいるし、友達もたくさんいるし、ボーイフレンドもいます。成績もよいし、結構自信だってあります。なぜ、こんなにパーフェクトなのに涙が出るのでしょう。

周りの人たちはみんな良い人ばかりなのですが、私の精神状態は良くないのです。悲しくて悲しくて、理由もなく悲しいので

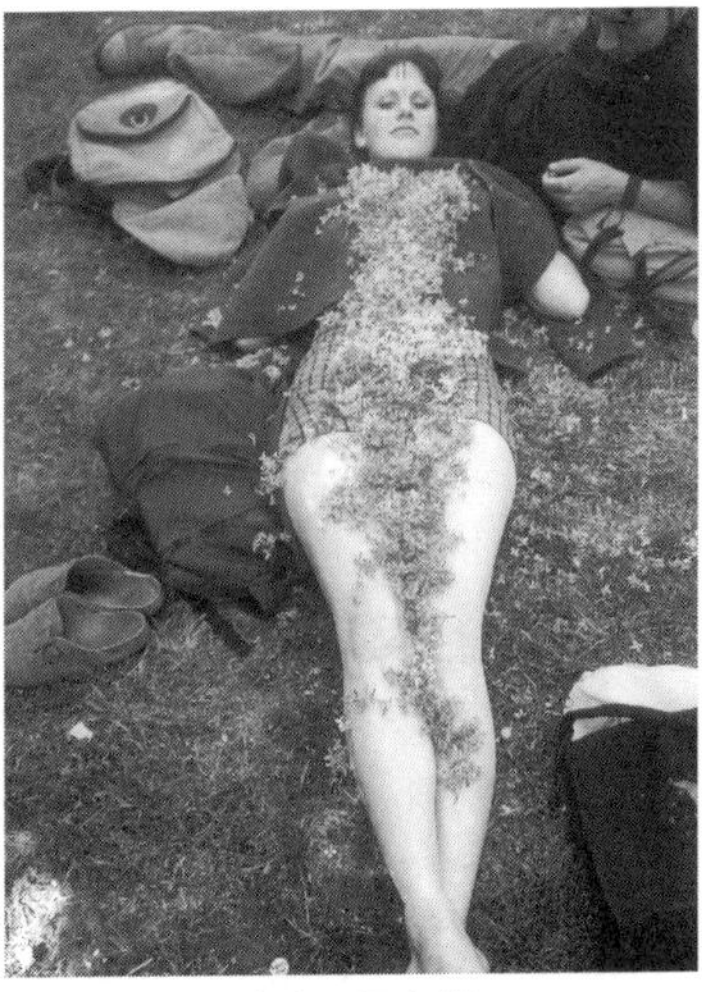

多感な思春期

す。表面では普通の生活をしているのですが、部屋へ戻ると悲しいのです。私の機嫌が悪くなるたびに、ボーイフレンドは自分が何か悪いことをしたのかと心配します。でも、彼は何も悪くはありません。ただ、私がイライラするのです。

パパとも話し合ったのですが、自分にもそういう時期があったから分かるというのです。でも、本当に分かってくれているのでしょうか？　友達もみんな本当は大好きなのだけど、本当に私という者を理解してくれているのでしょうか。ときどき、私は自分がふっと自分の殻のなかへ閉じこもってしまうように感じます。あまり黙りこくっているので、そんなとき友達は怒ってしまいます。自分でもどうにもできないのです。心のどこかが痛くて、隙間風が吹いていて、どうしようもないのです。

誰か、私と同じように感じている人いませんか？

ハグ

以上なのだが、このコーナーの投書には、見るからにふざけたものも一方にはあるが、深刻な悩みを正直に打ち明けている投書が比較的多い。声に出してはいえない悩みを、文字で見知らぬ人へ知らせる。そして、ひょっとしたら、同じ悩みをもつ人がほかにもいるかもしれないという期待をもつ。誰かと悩みを分かちたいという願望が、文章の節々に現れている。こうして読んでいけば、どこの国の高校生も同じような体験をして悩んでいることが分かるだろう。

身体障害者のための国立統合高校（Risksgymnasium）

クリスチャンスタッド（Krisitanstad）にある国立統合高校でスコーネ地方の作業療法士による定期集会があり、私もそれに参加した。ここには、スウェーデン国内の身体障害者が通える高校の特別教育プログラムがあり、障害者に適応できるように個人ごとのカリキュラムが作成されている。このような学校は、クリスチャンスタッドのほかにスウェーデン国内にはストックホルム（Stockholm）、ウメオ（Umeå）、ゲーテボルグ（Göteborg）にある。

一八七四年に建造された高等学校の建物は、グリーンの塔を真ん中にして左右に広がっている典型的な学校建築だ。ここへ、国内の至る所から飛行機、汽車、バス、自動車を利用して障害者が乗り込んでくる。町の中の四ヶ所に障害者専用の寄宿舎があり、常時アシスタントスタッフが待機している。教育プログラムは商業科、情報科、土木科、工業科、児童教育科、理数科、社会科などいろいろに分かれているが、障害者だけを対象にした情報メディア科がとても人気があり、現在五〇人のうち二五人が情報メディア科に属している。

この学校へ来ると、まず普通クラスへ行くか、小人数クラスへ行くかなど個人の意見を求められ、学校付属のハビリテーリングセンターの訓練も教育カリキュラムのなかに組み込まれている。こうして、各人にもっとも適した高校生活がプランニングされるのだ。在学期間は、三年間で終

国立統合学校

わることはなく、大半の人が四年をかけてゆっくりと学習する方法をとっている。居住方法も、自宅から通う人、アシスタント付きの寄宿舎に住む人、個人でアパートを借りて独立して住む人とさまざまである。

私と同じ作業療法士のエバ・スベンソン（Eva Svensson）が、ここで勉強している障害者の高校生の意識調査をしたので、それを紹介したい。調査の結果、三種類のパターンが顕著になった。

❶どんなに訓練しても受動的で、自分の道を切り開いていけないパターン。
❷何とか自分なりに生活して独立していけるパターン。
❸積極的に独立して、自ら道を切り開いていくパターン。

この三つのパターンを代表する三人を紹介する。いずれも在学中に情報メディア科に在籍していて、高校生活を最大限にエンジョイしていた人たちである。

第一のパターンの四肢麻痺のアンデス（Anders）は、アシスタントなしでは十分な普通の生活ができないが、それでも学校内ではアシスタントなしで生活をしている。学校に一番近い寄宿舎に住み、トイレを利用するときには寄宿舎に戻り、アシスタントの手を借りて用を足している。移動のために、電動車椅子を指一本で動かしている。

「僕は以前は何にもできなかったし、自分の存在すら分からなかった。レストランすら自分で行けなかったけれど、ここに来てから、アシスタントなしで自立することを学んだ」

彼が在学中に高校生活の感想を尋ねたところはこのように答えていたのだが、卒業後の彼は出身地へ戻って個人でアパートを借りて独立したものの、社会参加にはギブアップしている様子だ。一時期は仕事があって働き始めたそうだが、会社の登録書類をCDに収録するという単調な仕事に嫌気がさして辞めてしまった。その後も幾つかの仕事にトライはしたものの、自分の能力にあわないので辞めてしまい、現在は友人も仕事もなく、アシスタントとともにパソコンゲームに入り浸っているそうだ。

第二のビョーン（Björn）は、脳性麻痺だが手動車椅子で移動しており、衛生面での助けだけが必要なのでアシスタントにときどき手伝ってもらっている。彼も地元に引っ越して、独立した生活をしている。引っ越しと同時に犬を飼い始めたので、外へ散歩へ出掛けたり、また犬を通して見知らぬ人との会話が始まり、積極的にならざるを得なくなったという。

一応、宣伝会社への就職が決まったものの、会社がエレベーターのない二階にあり、エレベーター設置の許可から建築までに多大な月日を費やしている。高校での社会訓練で面接の要領なども兼ねて訓練したものの、自分のやりたいことと自分のやれることのギャップが大きく、少々自信をなくしている。今回の会社も、自分がどれほど会社に貢献できるかどうか分からないが、待ちにまったエレベーターも設置されて、現在では何の支障もなく会社に通っている。

第三のカール（Carl）は下半身麻痺で、手動車椅子を自由に操っている。彼は高校卒業後に自宅へ帰り、地元のメディア専門学校へと進んだ。高校での実習期間に社会体験をし、そのときに会社側の要求が自分の能力外のものであったり、仕事の量をこなすスピードについていけなくて圧倒されたそうだ。そこで、自分の能力がどこまでついていけるか改めて知らされたし考えさせられたという。しかし、自分はメディアが好きだし、その方面で将来も仕事をしたいのでもっと勉強して能力のレベルアップに専念するという。彼には友人も多く、余暇も暇もないほど充実しているそうだ。

自由発想の高校

フレックスタイム制を始めた小学校に見るように、現在、マルメコミューンでは従来にない新しい発想の教育方法を模索しており、新案のモデル校があれば常にこれをサポートし、教育制度に取り入れようと大いなるバックアップをしている。そのなかから、幾つかの高校を紹介する。

実用専門高校——労働市場と教育とを合体させた実用専門高校が、一つの実験として始まった。ストックホルムやゲーテボルグではすでに実施されており、高校生の希望と実用能力にあわせて学校制度を適応させようとするもので、決して学校側の要請で高校生の進路を決めるものではない。どういう内容のものかといえば、要するに、専門職の所へ週の半分から八〇パーセント近くの時間を割いて高校生が見習いとして行く制度である。大学へ入学するために必要なスウェーデン語と英語の基礎学力は必須となっており、この実用専門高校へ三年行けば大学へ進む資格も自動的に得ることになっている。

自由学校——二三一ページで紹介する成人学校とは違うが、高校の教育科目だけを中心にした自由学校がマルメで開校した。ここは、高校生個人が自分に必要な科目だけを自分の能力にあわせて教師とともにカリキュラムをつくっていく方法をとっている。現在、一九歳から四七歳までの七五人の生徒がこの学校に通っており、どの人も自分にはこの方法がとても適していると喜んでいる。

四七歳の友人は、年の差は別に感じないという。クラスで意見をいうときも、自分の経験を年下の若者が尊重してくれているといっている。彼は資格のない木工教師として働いていたのだが、大学に行って資格をとるために、必要な必須科目の勉強をし直したいと思ってこの学校を選んだそうだ。また、ジャーナリストになりたいという二五歳の女性は、この自由学校は個人のニーズを優先してくれ、各方面でサポートしてくれるので好きだという。そして、クラス全体の雰囲気もまとまっているし、みんなの学習意欲も高いので勉強しやすいともいっている。

生徒は、それぞれが所属しているベースグループがあり、そのグループでともに研究したり、レポートを書いたり、対話をしあう。そして、そこを基点として個人それぞれが選択している学習に出掛けている。担任とは常に連絡をとり、いつでも援助が受けられるようになっている。

また別に、メール一つで相談できるインターネットシステムを利用して通信教育も行っているので、学校まで遠くて遠距離通学をせざるをえない人や、仕事の関係で学校へ度々行けない人などにとっては大変ありがたい。

制服職学校――警官や消防士や税関などの、制服着用の職業を中心にしたお堅い高校も始まった。警察学校では、つい数年前まで一〇〇パーセント生粋のスウェーデン人ばかりであったが、最近では移民も増え、機会均等を理念とするスウェーデンで肌の色の違う人が入学してもおかしくはないということで、それを促進するために今回の新しい高校がスタートした。

唯一の黒人女性の警官も、職場では表向きは平等とはいえ、実際には目に見えない差別があるとテレビで体験談を話していたが、それでも警察官になったことを後悔していないといっている。そして、これからも移民の人が警察官のような制服の職業に就くようにとすすめていた。

犯罪者のなかには移民のグループも多いという。片寄りがちな不当な措置を受けるのもまた、移民の人が多いそうだ。それだけに、公平な裁きや扱いを望むこのような職業には、言葉のハンディを考えても多くの移民人がなるべきである。人種差別問題を根本から改革するには、多くの人がよい模範となり、情報メディアの協力を得るのも一つの方法であろう。

同じような考え方をもっていたのか、テレビのニュースキャスターの顔ぶれも意識的にか、昨今は見るからに移民の人が起用されている。新ナチス党などが出てきて人種差別も厳しくなり、外国人にとっては住みにくくなり始めたスウェーデンも、このようにさまざまな移民の人のための対策を考え、いろいろな職業でお手本になるべき人たちが社会の表舞台で活躍するようになった。このような、前向きな社会政策をスウェーデンは施行している。これが良いと思ったらビジョンだけではなく実際に行使していく、こういう実践的なところが本当に「スゴイ」と感心させられる。

さて、ここバーナドッテ（Bernadotte）学校では、ある金曜日の朝の授業に一人の警察官が講師として呼ばれた。

「さて、コンビニに強盗が入り、多額の金を盗んで犯人は走り去りました。警察官としてはどう対処しますか?」

この課題を前にクラスは、目撃者、無線パトカーの警察官、警察所の指導員という三つのグループに分かれる。そして、教師でもある警察官は最初に、証人になる目撃者グループにコンビニで起こった出来事を書いた紙を渡す。そこには、事件の経過や犯人の容姿も記してある。目撃者グループがそれを読み終えた後、しばらくして無線パトカーの警察官グループが目撃者に質問し、そしてそれを今度は警察所の指導員グループに報告するのだ。さらに、指導員は最終的報告を記録するのだが、その経過には多くの誤解や誘導尋問によるミスや、記録上のミスが出てくる。たとえば、、ナイフといってもいろいろなナイフがある。出刃包丁、キャンプ用ナイフ、パンを切るギザギザ包丁、ポケットナイフなどである。移民風といっても、それが中近東の人間かアジア人か黒人かは分からない。だから、証人の話は、確実に注意深く細かく聞くように心がけなければいけない。要するに、いかに客観的に物事を観察して判断するか、その難しさを身をもって学習するわけだ。

このバーナドッテ学校には現在六〇人の生徒が通っており、普通高校よりも身体を鍛える体育の時間が豊富にあったり、教師には本職の人が招かれたりもしている。そして、三分の一の枠(つまり二〇人)において、基礎科目、スウェーデン語、数学、英語の科目の中学のときの成績が不可の人でも特別に入学できるチャンスが与えられるようになっている。教科試験では落ちこぼれでも、体育系や実用面で優秀な人たちにとっては真から歓迎できる高校であろう。

自動車免許の取れる工業高校――スヴェダーラ（Svedala Arbras）にある工業学校では、技術系で働くことに魅力を感じなくなったのか生徒の数が一気に減少してきた。そのため、生徒を確保しようと斬新なアイデアを取り入れている。

ここで授業を受ければ、自動車の免許証が自動的に取得できるようになっている。免許証を手に入れるのには、少なくとも三万クローネ（三五万円）はかかるので、無料で免許が取れるというのは大いなる魅力となる。さらに、大型トラックや倉庫で活躍するフォークリフトの免許証も得られるようになっている。以前は大学に入るための必須科目がなかったのだが、それも授業に取り入れて大学への道も開いた。クラス内は、工業高校らしく女子の姿が見えない。男女平等の国としては寂しすぎるくらいだ。

ノバクラス――もう一つの新しい試みが二〇〇一年から始められている。伝統のあるセイント・ペートリス（St. Petris）高校で、特別にノバ（NOVA）というクラスを設け、インターネットを中心に遠距離でも授業を受けられる方法が始まったのだ。それぞれの生徒には、最新式のコンピューターが学校から支給される。この教育方法では、生徒が自主的に学習する時間をつくり出さなければならないので、強い意志が必要とされる。怠惰な学生ではついていくことができない。だから、このクラスへ入るにはかなりハイレベルな自主性と自己管理能力が必要となる。新学期の初めには教師を中心としたハードな授業が待ち受けており、授業の半分ほどしか学校に出てこなくてもよい分、自宅での学習時間が多くなるのだ。こうすれば、学校という環境に疲れている生徒にもチャンスが与えられることになる。将来の学校はこういう形態になるのでは、という試験的な学校だ。

この学校ではさらに実験的な、研究することを中心にしたクラスを考えている。これまであった理数科系のなかでも、自主研究に重点を置いたクラスである。これは、高校一年生のときは基本的な英語、数学、化学、物理などの一般教科だけを教え、二年生になったら好きなコースをそれぞれが選択して、その研究を好きなだけやれるようにしたものだ。一方では、この方法に対してエリート学生の育成にすぎないと反対する人もいる。

民衆学校で長い間教鞭をとっていたマティアス・スタンコビッチ（Mathisas Stankovich）氏は、この学校について次のようなコメントを述べている。

「これまでいつも、落ちこぼれや授業についていくことができない子どもに専属の特別教員やアシスタントが雇われてサポートしてきた。その必要性も理由も十分理解できるし、劣る人を助けるのは当然だとも思う。しかし一方で、優秀な子どもがいかにこれまで学校において犠牲になってきたことか……。将来、重要なポストに就き、国を動かすことになる人たちが、学校教育という現場では何ら刺激もないまま放任状態となっていた。この学校のように、自由に研究課題に取り組むことができるのは、個人の才能を伸ばすためにも大いに歓迎したい」

国民党のヤーン・ビョルクルンド（Jan Björklund）氏は、基礎学校で優秀な生徒は最後の九年生（中学三年生）を飛び越えてすぐに高校へ進学してもよいのでは、と繰り上げ教育の運動をしている。いわゆるエリート養成であるが、教師組合では、繰り上げると自分よりも年上の人と勉強することになって精神的な面で重荷になるのではないかと反対をしている。

高校は、義務教育ではなくあくまでも任意制である。義務教育が終われば、生涯学習を優先しているスウェーデンでは必ずしもみんなが高校や大学へは進学しない。ただ、最近では、中学卒業後の就職先があまりないために高校へ進学する人が増えている。だからこそ、まだ人生設計や進路を決められないでいる若者に対して、さまざまな形態の高校が豊富にあるということは選択肢も多くなり、それだけ自分の適性にもっともふさわしい選択ができるようになるのではないだろうか。選択の自由は、さらにやりなおしのきく自由でもあることを忘れてはいけない。もし、自分に合わないプログラム（コース）を選んだ場合には直ちに変更できるだけの余裕のある枠づくりが必要である。そうなれば、一律な教育のもとで送る生活よりももっと魅力的なものになると確信している。

このような試みは、マルメコミューンだけにかぎらず、スウェーデンという国全体で実験的に模索しているのである。将来を担う若者の教育がいかに重要かを、国自体が認識している証明であろう。

全国高校生連盟

二〇〇〇年一一月二五日の週末に、全国高校生連盟の定例集会がマルメのセイント・ペートリ（St. Petri）高校の体育館で開かれた。一五〇人もの全国のそれぞれの生徒会に属している高校生が、北はキルナ（kiruna）、南はYスタッド（Ystad）から来て一同に集まったのである。体育館で寝起きし、ちょっとしたキャンプ状態であるが、寝袋の並ぶ光景だけを見ても壮絶である。各学校の生徒会がいかに学校の教育運営に参加し共同決定できるかなど、夜遅くまで熱心な議論が至る所で交わされた。

スウェーデンでは組合の力が実に大きい。このように、団体を組織して主張を通すこともデモクラシーの法則としてすぐに活用するし、その活用の仕方もまた見事である。すでに高校生ながら、全国高校生連盟として活躍するのである。生徒会の役目は、高校生個人が自立して自信をもって高校生活が送れるように、これを応援したり補助することである。また、生徒個人の自由思想を守り、学校の指針に生徒の意見も反映できるように努力することでもある。

今回の集会において、ペートリス高校の生徒会長であるアレクサンドル（Alexsander）君が会員各位から、学校が提供する方針に多大な影響を与えているとして誉められた。すると彼は、自分の力だけではなく校長自身が革新的な人で、生徒会の意見をよく聞いてくれたからだと校長を立てていた。「お互いに協力し合わないと、学校自体はよくならない」とも彼はいう。まったく同感である。一方だけが頑張っても進歩はない。「青二才の意見だ！」と無視するのではなく、やはり、革新的なアイデアには耳を傾けるという気持ちを学校側も常にもたなければならない。

マルメコミューンは、今回の全国高校生連盟の集会が滞りなく開催できるようにと五万クローネを寄付している。いかに、コミューンが学生を大切にしているかが分かるだろう。集会では、汚い教室や換気の悪い冷暖房の利かない教室について生徒会が即刻改善命令を出すことができるかどうか、また、週に数科目の試験を同時にするのはやめてもらうなど、さまざまな具体的な問題について、生徒会が学校側に対してどのように交渉すればいいかを話し合った。

高校生一人ひとりがとるコースは自由選択の傾向が強くなってきたが、いまだに旧式な集団授業や運営が実施されている学校も多い。生徒と教師も決められたことを何年間も同じ方法でするのではなく、個人の能力にあわせた授業やカリキュラムを新たに設定し、これからの高校生の才能を内実ともに育成するように努力するべきであろう。高校の学習要領では生徒に対して、正当に批判する目を養う、学びは生涯続くこと、積極性の育成、また責任感を植え付けるなどの高い目標が掲げられている。それらを達成するためにも、高校生の独創性がより望まれることになる。

今回の集会では、学校側は生徒会と協力しあって、コミューンや地方議会、あるいは国会までにも高校生の主張を轟かせ、目標への道を確固たるものにするように心がけるべきであろうと締めくくられ、大成功のうちに終わった。

第5章 大学

Universitet

大学への道

スウェーデンには、総合大学（universitet）と専門大学、国民大学（folkhögskolan）がある。学生の定員数は、社会的需要に比例して増減する。たとえば、実際にルンド大学の理学療法科で実施されたことだが、理学療法士の需要が社会的に上昇したときには、定員数を一クラス通常三〇人のところを五六人に増やした。また、数年して、卒業生の失業者が増えたときには一クラスを二〇人に減らしたのである。ウプサラ大学でも、教育学部の志望者がグンと減少して定員を大きく下回った。とくに、数学や物理教師の養成コースが不評で、二〇〇一年の秋に予定されていた講座は削られてしまった。

このように、常に大学教育と社会背景が連携された形で学校運営がなされている。大学自体が公立で、利益を考えなくて済むからこういうこともできるのである。

大学への入学は、高校のときの成績表で選抜される。だから、特別な入学試験はない。でも、高校を卒業してすぐに大学へ進学する人は日本に比べて非常に少ない。

ＯＥＣＤ（経済協力開発機構）が世界の教育状態を調査した結果を発表していたが、そのなかのデータを見ると、スウェーデンが世界でもっとも教育年数の長い国であった。五歳から約二〇年間は学校で勉強しているというから、義務教育が九年であるということから考えると非常に長い。ちなみに、ほとんどの国は平均一七年間となっている。また、同じ調査の結果では、スウェーデン人の一九歳から二四歳までの人が大学へ進む率がもっとも高く、ここ一〇年間でも三〇パーセントから四五パーセントに増加している。そのなかでも、女性の進学率が六〇パーセントと男性を上回っている。スウェーデンの高校では、女性の平均成績が男性より優秀だからそれに比例しているのだろう。

私の働く職場のスタッフに理由を尋ねてみると、「男性は高校を卒業していったん社会に出て働き、自分が何を勉強したいか模索したうえで大学進学を考える人が多いのではないか」という。それに、「一八歳をすぎると徴兵制度もあるので、高校を出てすぐに大学に入って徴兵で勉強を中断されるよりも、実社会体験を先に積んで、何を勉強したいかを見極めたほうがよい」ともいうのだ。

では、高校の成績が悪い人は大学への進学の道は閉ざされてしまうのか。決してそんなことはない。スウェーデンという国は、素晴らしいことに平等理念が基盤にある寛容な国である。高校の成績が低ければ、成人学校（二三一ページにて詳述）でもう一度高校の復習や新たに成績の補填ができるようになっている。

二〇〇〇年の春に、全国の高校生と成人学校の生徒を対象に学校庁によって共通テストが行われた。その結果はというと、面白いことに、成人学校の生徒のほうが普通高校の生徒よりも平均成績が良かったというのだ。この結果からすると、成人学校の生徒のほうが学習意欲が高いのかもしれない。成人学校では、希望とする大学の学部に必要な特定科目の成績を上げることもできるし、知識の補充もできる。社会に出て働けば労働年数も点数に加算されるので、大学への道はさほど険しくない。でも、入学できたとしても、卒業するのにはかなりの努力が必要とされる。

また、大学へ入学してから一年ほど勉強すると、学部を移ったり、休学して社会に出て働いたり、留学したり、また大学へ戻って勉強したりと、大学のシステムは非常に融通のきくものとなっている。そのため、大学生の年齢が高くなっていても何の不思議もない。クラスでは、若い人も、社会人も、高齢の人も同じ机を並べて勉強したり、グループワークをすることになる。人生経験も幅広く、また違う人たちがともに学び、協力し、尊重しあうことになるので、議論も多く、教師の授業内容も学術的なものだけでなく社会性も豊富であることが前提となっている。

数年前からは、大学検定試験制度が始まり、希望者は誰でも受けられることになった。これは、大学側が昨今の学生の学力低下を危惧して実施し始めたものである。まだ義務ではないが、そのうち義務にしようとする動きも出てきている。しかし、大学検定試験の成績結果だけでは大学には入学できない。しかし、書類審査の際、高校の成績に加算されて両方を参照してくれるのでいくらか有利となっている。

この大学検定試験は年に二回行われ、毎回三〇〇クローネさえ支払えば何度受けてもよい。もちろん、誰が受けてもよいが、検定試験の問題を見ると日本の筆記試験を思わせる長文問題があり、スウェーデン語の読解力に相当の自信がなければ良い結果は得られないものとなっている。

移民の人にはかなり不利な検定試験でもある。そのため、移民のために英語バージョンの検定試験も実施されるようになったが、英語圏の人にとっては良いかもしれないが、日本人のような人にとってはやっぱり不利である。

外国人がスウェーデンの大学に行くには

移民として大学へ行くには、まず何といっても語学ができなければいけない。スウェーデン語の読解力とヒアリングが堪能でなければ、授業についていくことができないのだ。「どういう風に語学をマスターしたのですか?」と、新しくスウェーデンに移住してきた日本の人によく尋ねられる。ほかの人がどのように勉強したのかは知らないが、私の場合を紹介しよう。

私が、このスウェーデンという国を選んだ理由は二つあり、一つはスウェーデンの宣教師家族と幼いころから懇意にしていたこと、もう一つは、北欧の児童文学作家アストリッド・リンドグレーン(Astrid Lindgren)がいること。彼女の書いた童話『ながくつしたのピッピ』『やかまし村』『さすらいの孤児ラスムス』『悪戯坊やエーミール』などに描かれている北欧の風景、緑の森と散在する湖や田園風景、大自然のなかでのびのびと育つ子どもたち、そして彼らを見守る心温かい大人たちにすっかり魅了されたからである。

そのリンドグレーン女史が背景に描くスモーランド地方で、私は最初の一年間を過ごした。滞在した家庭は、親が両方とも医者であり、男二人に女三人という二歳から一一歳までの五人の子どもの世話と家事、掃除、洗濯すべてを任せられる、要するに家政婦をしていたのだ。ここで、私は初めてスウェーデン語を覚え、スウェーデンの家庭生活を体験できたのである。詳細な地図にしか載っていないような片田舎の町で、スウェーデン語を教えるコースがあるともつゆ知らず、知っていても行く暇がないほどコマネズミのように働いていたので、スウェーデン語は最初独学でしか勉強できなかった。幸いなことに猿真似のうまい私は、耳から聞いた言葉をそっくりそのまま口に出していた。五人の子どもたちは、もちろん変な発音で話す私を面白がって喜んでくれた。

このほかにマンガの好きな私は、スウェーデンのカッレアンカ（Kalle Anka）――ディズニーのキャラクターであるドナルドダックのこと――の薄っぺらな雑誌や単行本を買ってよく読んだ。絵があるから大体の内容はつかめるが、意外と難解な言葉がこのマンガには出てくる。だから、「吹き出

アストリッド・リンドグレン（Astrid Lindgren・1907〜2002）

スウェーデンが誇る児童文学者で、『長くつ下のピッピ』（集英社・講談社）『やかまし村の子どもたち』『おもしろ荘のリサベット』『エミールと小さなイーダ』（それぞれ岩波書店）、その他の名作を次々に生み出している。スウェーデンでは幼児期に彼女の作品に触れるのは必須で、作品の中の子どもが自然の中でのびのびと育つ様がほほえましい。日本でも童話の好きな子どもから大人までに愛されている。

し」にある短い会話だけに重点を置いて覚えていった。なかには「ピョーン」とか「ガガーン！」などの擬音語も覚えて、子どもたちの失笑をかったこともある。

そのマンガも次第に進歩して、大人向けのスパイマンガも読むようになった。このマンガを読むという行為は、のちのち非常に役に立った。スウェーデン人の好むマンガや、生活の一部を知ることができるからである。日本に来る外国人にも、日本の幅広いジャンルのマンガを読むように是非すすめるべきである。

一年後、ストックホルムへ移ったとき、私は学生寮に住みながら講座サークル活動機関が開いているの移民のためのスウェーデン語講座へ通い始めた。王立庭園（kungsträdgården）のすぐ側にあったこの教室は修復に修復を重ねた古い建物で、またその周囲も、タイムスリップしたかのような歴史を感じる建築物が多く、お昼休みになるとみんなで近郊を散歩した。セントヤコブ教会、オペラ座、国立美術館、劇場、旧市街と、メーラレン湖を眺める起伏のある街並みがとても美しかった。

同じ教室でたくさんの移民の人たちとともに勉強するということ

講座サークル活動（Kursverksamheten）

語学、趣味、スポーツクラブなど多様性のある講座、講習会を提供している団体で、各大学、労働組合、政党などが経営を引き受け授業料も安く参加数も制限がない。

年に2回、春と秋の講座紹介のパンフレットが各家庭に届くようになっている。幼児から高齢者までを対象としている。

は、文化の違いがストレートに現れてかなりのカルチャーショックであったが、国境を越えてスウェーデン語を学ぶという一つの目的にみんなが向かっており、ある種の連帯感が生まれていたのも確かである。フランス人、ポルトガル人、インド人、ポーランド人が多く、当時は今ほど中近東の人はいなかった。スウェーデンの福祉サービスが移民の人にも平等に与えられることも知らないで、私は生活費を稼ぐのに必死で掃除婦、皿洗いとあらゆるアルバイトをしていた。

ストックホルム大学へ行くためには、そのころ大学が実施していた四段階レベルのスウェーデン語準備コースを修了しなければならなかった。日本にいたときの高校の成績と大学の成績を英語に訳して書類をつくり、申請して入学できるのだ。入学の許可を取ると、私の場合はすでにスウェーデン語講座で学んでいたので、スウェーデン語準備コースの三段階レベルに繰り上げられた。講座の先生は若くて綺麗で、竹を割ったようなスッキリとした性格の女性だった。

四段階目の最終レベルコースになったとき、市外のフレスカティ（Frescati）に新築していたストックホルム大学の校舎が完成したので、都心にあった教室がそのなかへ移動することになった。と同時に、先生も新しく代わった。その人が、私の人生において一番印象に残る教師で名前をレギーナといった。彼女は典型的なスウェーデン系の美女で、知的な人であった。金髪をきちんとショートにカットしていて、声も低めでおっとりとしていながらていねいに授業を進めてくれた。初めての授業のときに自己紹介があり、それぞれが、スウェーデンに移住してきた動機やその理由を話すことになった。

私の順番になったとき、私はアストリッド・リンドグレーンに惹かれてスウェーデンまで来たことを述べた。すると、彼女は非常に興味をもってくれて、「それならばリンドグレーンを講師に招いてお話を聞きましょう」とまでいってくれた。天にも昇る気持ちである。いつ来てくれるのだろうと待ちわびていたら、数週後レギーナは私を授業後に呼び止めて、「残念だけど……」と話し始めた。

「アストリッドは忙しい人だから、残念だけど大学まで来れそうにないの」

期待に膨らませていた胸が一気にしぼんでしまった。しかし、レギーナは「残念だけど」といいながらも、ちっとも残念そうな表情をしていない。怪訝な面持ちで彼女を見ていると、次のように言葉を続けた。

「でもね、アストリッドは大学には来れないけれど、あなたに自分の家に来てくださいっていってたわ」

「はぁ?」

何がなんだか分からない。スウェーデン語も最終段階まで来ているのに、意味が飲み込めなかった。

「だから、あなたはお茶の時間に招待されたのよ。アストリッドが、あなたに自宅まで来るようにって、そう伝えるように私は頼まれたの」

「へっ?!」

キツネにつままれたとは、このことではないだろうか。夢の、そのまた夢のような話を、レギーナは平然とスラスラと口にしたのである。私の人生を大きく転換させてスウェーデンの方向へ向かせた『ながくつしたのピッピ』の著者、その作者に直接お目にかかれるのだ。しかも、彼女の自宅で。よっぽど不思議そうな顔をしていたのだろう。レギーナは、クスクスと可笑しそうに笑いながら見ていた。

当日まで、私は何を着ていこうか、何を持っていこうか、何を話そうか、粗相《そそう》をするのではないかと心配で夜もろくろく眠れなかった。そわそわしている私を見て、学生寮の仲間は「大丈夫だよ」と、いとも簡単に励ましてくれる。

その日は、初春だというのにどんよりとした曇り空でかなり寒かった。ワーサ公園を見渡せる所にあるアストリッド・リンドグレーンのアパートを訪ねあてるまで、足は宙に浮いてどこをどう歩いたか全然覚えていない。天にも昇るというより、宇宙よりはみ出ていたのかもしれない。暗い階段を上がり、ドキドキする胸を押さえて呼吸を落ちつけて扉が開くのを待った。

出てきたのは年老いた女性だったが、写真で見ていたリンドグレーン女史とは似ても似つかない女性で住所を間違えたのかなと一瞬思った。半信半疑でリンドグレーン女史に会いに来たというと、お待ちしておりましたとなかに招き入れてくれた。彼女は、長年リンドグレーン女史に付き添っている家政婦さんだったのだ。

部屋のなかは間接照明で暗く、壁全体が本箱で埋まっている居間に通してくれた。そこに彼女はいた。長年の憧れであり夢でもあったアストリッド・リンドグレーン女史が、静かに立ち上がって迎えてくれた。緊張して右手と右足がともに出てしまいそうになるのを感じながら、写真そのものの人物が、微笑みも優しく、名もない私を快く迎えてくれたのだ。午後のひとときを紅茶をともに飲みながら、いろいろなことを話し合った。大学の話、日本で翻訳されている童話の話、文化の違いなど、話はつきなかった。なかでも、リンドグレーン女史が日本の俳句に興味をもっていたのには驚かされた。小林一茶や松尾芭蕉くらいしか知らない私には、冷や汗ものの話題であった。

最後に、今何を書いているのかと尋ねると、「ライオン兄弟」の話をしてくれた。すべての話は、ベッドに入って眠る前に思いつくのだと目を細めて話してくれた。書くのが楽しいともいっていた。私がスウェーデンに来た動機は、あなたの本を原語で読みたかったからだというと、彼女はとても喜んでくれた。帰る間際、リンドグレーン女史は本棚から一冊の本を取り出してきて、それにサインをしてお土産にくれた。すっかり感激した私は、スウェーデン風にハグの挨拶をして、感謝して彼女の自宅を後にした。

のちに、忘れられていると思っていたころにクリスマスカードが届いてびっくりしたこともある。ライオン兄弟の冒険物語の本が店頭に並んだとき、さっそくに買ってきて一晩で一気に読み通した。この本を、彼女は私が訪れていたときに書いていたのだと思うと一種の感慨があった。

その後、私はマルメに引っ越したのだが、日本からの依頼で彼女に電話でインタビューをする機

リンドグレン女史からいただいた本とカード

会があった。そのときも元気そうな声が返ってきて、盗賊の物語を書いていると話してくれた。

現在では、高齢のためここ数年は作家活動を控えているそうだ。しかし、彼女の作品は現在でも世界各国の多くの子どもたちに愛されている。スウェーデン人にとっては、親から子どもへ、その子どもが親になったらまたその子どもへとリンドグレーンの作品に触れて育つことが習慣になっている。彼女の書くスウェーデン語の文章は、描写はもちろん素晴らしいが、簡潔で声を上げて朗読するのにはもってこいなのだ。リンドグレーン女史自身が朗読しているテープがあるのだが、聞いていて実に楽しいし、文章からメロディが出てくるかのように滑らかで耳に心地よいのだ。翻訳されたことで多くの日本人にも彼女の作品が読まれるようになったが、この部分が欠けていて少々残念で寂しい気がする。私はスウェーデン語を学んだおかげで、彼女の文章を深く味わうことができ、思う存分満喫することができた。

このように、スウェーデン語を勉強していて人生最大のイベントが降ってわいてくるというラッキーチャンスに恵まれたうえ大学のスウェーデン語コースも修了して、自分の学びたいことを好きなだけ学ぶことができるという、その可能性がグンと広がった。

話が少し脱線したようだ。勉強の話に戻ろう。

現在では、スウェーデン語を学ぶのにＳＦＩ（Svenska för Invandrare）というコースが移民のために各コミューンに設けられている。日本人は優秀なのか、ほとんどが合格するそうだ。移民学生のなかには、生活保護を受けながらゆっくりと何年もかけて勉強するというずるい人もいるらしいが、大学へ進学して何らかの資格を身に着けようと思えばそうもしていられない。

ＳＦＩを修了すると、今度はＴＩＳＵＳ（Test i Svenska för Universitets-och högskolestudie）というコースを修了しなければならない。あるいはすでにスウェーデン語のできる人は、直接ＴＩＳＵＳのテストを受ければよい。このテストは年に二回行われており、一二〇〇クローネ（約一万四〇〇〇円）を支払うと受けられる。そして、これに合格すると大学への道が開かれる。

テストの内容は、読解力、筆記力、会話力の三つとなっている。そのなかの一つが不合格となれば、次の機会にその部門だけを受けることになる。そのＴＩＳＵＳの合格証明書と英語訳の高校の成績とで、大学への入学申請ができるのだ。もっとも、スウェーデンへの滞在許可をもらうのが昨今では非常に困難だそうだから、長期ヴィザをもらうことが一番の難関となるかもしれない。

ストックホルムからマルメに引っ越してからは、私はルンド総合大学で勉強するようになった。ルンドという街はマルメから自動車で三〇分もかからない所にあり、そのなかの、バスでも電車でも通学できるという便利な所に大学はあった。古い歴史をもつ石造建築の大聖堂を中心に大学のキャンパスが広がり、街全体が若い学生の熱気で溢れている。

学生総数二万人というこのマンモス大学は、文化、教育の中心地であり、四年に一度行われる学生祭は、卒業生も参加しての盛大な祭りとなっている。日本の文化祭とよく似ていて、各種のイベントが催され、屋台、演劇、コンサート、展覧会などから、メーンプログラムとなっている学部代表が街頭を練り歩く仮装行列がある。それに、ここの学生祭は市民や近郊に住む人々も参加できるお祭りとなっている。

学生たちはここぞとばかりに手腕を発揮してパーティを夜な夜な開き、新しい恋の対象を求めて青春を謳歌している。

大聖堂

ルンド大学のキャンパス

就学ローン

長年、スウェーデンに来てから幼児教育と障害児教育に携わってきた私が急きょ矛先を変えて学生に戻るのにはかなり不安な面もあったが、もともと好奇心が旺盛だった私には、医学部の作業療法学科で受け入れが決まったときにはどういうわけか最後まで貫き通す自信が妙にあった。

職場からは教育のための無給休暇をとり、国から就学ローンを借りて生活した。一般の学生も、ほとんどが就学ローンを借りて生活している。一八歳をすぎれば親元から離れて大学の寮へ、あるいはアパートを借りて精神的にも経済的にも自立して生活する人がこの国には多い。親の経済力が子どもの教育を左右してはいけないという、スウェーデンの平等理念がその理由である。そして、その理念を裏付けるためにも就学ローン制度が設けられている。学費は無料、ただし教材は自己負担である。しかし、貧しい学生のために大学図書館では教材を豊富に集め、学生に貸し出している。

私が日本で憧れの大学に進みたいと思ったとき、母子家庭の経済力では入学費用や学費を捻出するのは難しく、その経済的負担を考えるとあきらめざるを得なかった。それからすると、ここでは就学ローンを借りることで誰しもが好きな所で好きなだけ勉強できるのだから嬉しいかぎりである。

就学ローンは、現在、一ヶ月に七一九五クローネで、そのうちの二〇〇〇クローネは援助金で、卒業後に返済する対象金額は五一九五クローネとなっている。最近では、自立しないで親元で暮らしながら返済不要の二〇〇〇クローネだけをもらっている人もいる。一般の労働者の月額収入から三〇パーセントの税金を差し引いた残りが約一万クローネ（約一二万円）であるから、学費は無料、学生寮は安い、さらに学生食堂や学生割引などを考えたら、無駄遣いさえしなければ必要な本を購入しても十分生活できる金額である。卒業後に年収のある職業に就くと就学ローン、つまり五一九五クローネの返済義務が課せられる。そのときは、年収の四ないし五パーセントを年に四回、つまり三ヵ月ごとに二五年かけて支払うことになっている。また、六五歳になると残金があってもローンの返済義務はなくなる。

私が就学ローンを借りた一三年前は、約六〇〇〇クローネであった。家賃が当時五〇〇〇クローネであったから、手元には一〇〇〇クローネしか残らない。二人の子どもを抱えて、貯蓄もなく家族や親戚もないこの国で、これでは子どもを抱えて飢え死にするしかないかとさえ思えた。しかし、スウェーデンという福祉の行き届いた国に居住していたので、飢え死にはしなくてすんだ。簡単に説明すると、まず住宅援助を受けたのだ。収入ゼロの私のために、家賃の半分以上を保険事務所が支払ってくれた。さらに、子どもの扶養手当として最低額（当時一〇〇〇クローネ）を出してくれ、そのうえに、子どものいる家庭には誰にでも与えられる児童手当（六五〇クローネ）が支給された。

私の子どもはまだ幼くて保育園に通っていたが、保育費も私の年収によって決められていたので驚くほど少なくてすんだ。学生割引で教材や旅費も安くなり、細々とだが母子家庭でも十分に暮らせたので、勉強に専念することができた。

離婚する際に、よほどの金持ちでないかぎり慰謝料というものはこの国にはない。ほとんどが自発的な協議離婚だから、国が父親の代わりとなって最低額の養育費を保証してくれる。そして父親は、収入に応じて国へ養育費を納めているのだ。もう少し具体的に説明すると、所得の低い父親が仮に毎月六〇〇クローネしか養育費を支払えないとすると、国が（この場合、地域の保険事務所）子ども一人当たり現在の最低額となっている一一七三クローネを父親の代わりに母親に扶養手当として支払ってくれるということ。つまり、保険事務所が仲介役として父親から養育費を取り立て、差額をうめたうえで母親に渡してくれるのだ。もちろん、母親に親権のある場合で、父親に親権がある場合はその逆となる。養育費の額も、父親の所得が変更するのに比例してその都度変化する。また、最低補償額よりも多く養育費を納めている場合は、その額がすべて親権者に渡されることになっている。そして、この養育費は、子どもが一八歳になるまで続くのである。

スウェーデンという国の福祉の恩恵が、外国人である私にも平等に受けられたという事実は本当にありがたかった。ちなみに、私はまだ日本国籍を所有している。スウェーデンには永住権があるだけだ。さらによかったことは、本雇いでもあったコミューンからは勉学のための教育休暇制度を利用できたことである。三年間という長期休暇ではあったが、就学ローンが出ない冬や夏休みなどは元の職場へ復帰して働くことができた。教育休暇の許可を得られない人や普通の学生は、短期のアルバイトを探すのに四苦八苦していた。それを考えると、ずいぶん恵まれていたと思う。この恩恵を日本の人に話すとすぐにでもスウェーデンに飛んできて勉強したくなるようだが、あいにくと前述したように長期のヴィザが簡単に下りないし、経済不況のために援助もなかなか厳しく簡単には出なくなっている。

大学で何を学ぶか

大学での勉強は、スウェーデンの大学ではどこでもそうだが、教養科目は一切なく専門科目に直接入っていく。作業療法学科でも、いきなり生理学、解剖学、病理学、作業療法理論などへ突入していった。そして、解剖学の授業ではもちろん解剖にも立ち会った。

煌煌と明かりのついた広いタイル張りの部屋に三台の手術台が置いてあり、解剖専門の医師が手際よく解体していく。暗くて陰湿な部屋をイメージしていた私は、あまりにも部屋が清潔で明るいことに驚いた。息を引き取ったばかりだという高齢の男性が、私たちの目の前に横たわっている。白い顔がきれいだった。先輩から匂いがきついからと忠告を受けていたので匂いにはあまり驚かなかったが、内臓を引っ張るたびにズブズブという嫌な音がするのには閉口した。肝臓をメスできれいに切り取り、肺を細かく切っていく。タバコを絶やしたことがないという人だけあって肺のなかは真っ黒だった。酸素が入り込む余地があったのだろうかと不思議に思う。クラスメイトの一人が、青白い顔をしてスーッと台から離れて控え室に戻っていった。私はといえば、人間の体内の構造の精密さに改めて感動していた。

ちなみに、現在も手術には立ち会うことがある。脳性麻痺の子どもの、硬直して真っ直ぐにならない腕や手の手術で、手術後の訓練のために必要な知識を得るために立ち会うのだ。手の外科手術は止血をしたうえで行われるので、見ていても脳外科や内臓外科ほどのすごさはない。

大学の講義自体は、たいして日本と変わらない。一方的な講義の場合もあるが、質疑応答も多く、講義の最中も学生からの質問によって度々中断となる。教師はおっくうがらずに、逆に嬉しそうに答えている。授業中におとなしく教師の講義だけを聞いていると、逆に授業に参加していないと見なされて成績に影響する場合もある。「何か意見はありませんか?」と聞かれれば、ふと疑問に思ったことなどを口に出して表現すべきであるとされている。なぜ、どうして、そうなるのか、と常に問題意識をもって勉強に臨み、画一的で受動的な授業態度ではなく積極的な姿勢がスウェーデンでは好まれるのだ。

ストックホルムの教育学部で勉強していたとき、日本人らしくおとなしく講義を聞き、ノートをとり、ほかの人が議論するのを黙って聞いていたことがある。すると教師に呼ばれて、講義の内容を理解しているのかどうか個人的に質問されたことがあった。どういうことかというと、ユーゴスラビアから来たクラスメイトとともに提出するリポートを、彼女はほとんど私任せで、一晩かかって一人で作成して提出したのだが、そのユーゴスラビア人は授業中に活発なため、教師は私の理解力が判断できず劣っていると見えたらしい。授業中の発言は私にとってはかなり他愛もない発言が多くて、メインのテーマから外れてしまっていると思っていたから議論に参加しなかっただけなのであるが、この誤解は悔しかった。しかし、このことで授業中に積極的になるべきだということも知った。そして、どんなことでも言葉にして表現し、議論には積極的に参加することを覚えた。積極的な発言をすることを幼いころから続けているスウェーデン人と対等に議論することは容易ではないが、学ぶことは多い。

感心するのは、アカデミックで合理的なスウェーデン人同士が議論するときである。ほんの少しの意見の相違があれば、その部分に集中して意見を出しあう。双方が徹底的に自己主張をして、ケンカをするのではなく妥協点を見つけあおうとしている。スウェーデン人の研究発表が世界的にも定評があるのは、このような姿勢のたまものではないだろうか。

大学では、講義のほかにグループワークの課題や研究が多く出される。PBI（Problem Based Inlearning）といって、私は「問題学習方式」といっているが、与えられた課題をグループで資料を集めて、調査して、提起された問題を解決していく学習方法である。重要なのは、そのプロセスが学習につながるということである。小学校、中学校でずっと続けてきたテーマ学習と要領は同じである。それに慣れているのか、みんな手際よく自分の役割をこなしていく。もちろん、怠けようと思えば怠けられるが、グループでの共同作業は連帯責任も問われるのでそうもいかない。与えられたいろいろな課題のなかから一つを紹介しよう。

「頚椎麻痺」が課題として与えられたとき、グループはマルメに住む人ばかりの三人であった。なぜ頚椎麻痺は生じるのか、その原因を病理学的に調べて、作業療法士の視点から見てそれらをまとめていくのだ。クラスメイトの前で発表しやすいように、一人の頚椎麻痺の青年を架空につくり上げてモデルにした。一八歳の自動車免許取り立ての青年が、交通事故で頚椎麻痺になったと想定したのだ。解剖学の図解を見て頚椎の損傷個所を調べ、病理学でその程度と治療方法を調べる。

さらに、作業療法士としてどのようにかかわるのか、何を目的に訓練するのか、どのようにガイドして日常生活の復帰を試みるかなどと研究と調査と議論が重ねられ、私たちは互いの家を行き来し、コーヒーをたらふく飲むことになった。日常の生活動作に必要な補助機具の調達、アシスタントを得られるか否かの福祉法も調べなければならない。また、学生であっただろうこの青年に大学の受け入れ態勢はどうであるかなどを調べた。

グループの一人が、知人から、海に飛び込もうとして頚椎事故を起こした青年がいるとの情報を得てきた。有力な情報である。その人に実際にインタビューして体験を聞けるのは、書物の上で勉強しているよりも臨場感がある。さっそく頼み込んでインタビューにこぎつけた。それまでの資料調べの結果が、頚椎麻痺の人との接触のおかげで初めて生きたものとなった。実際の青年は二六歳で、すでにリハビリも終盤に入っており日常生活に戻っている人だった。地域の医療センターからは理学療法士や作業療法士が派遣されて、数々のサービスをすでに受けている。頚椎の上方部分の損傷が理由で首から下がまったく動かない。

家族は、事実婚でもあるサンボ（同棲者）のアンナと三歳になる子ども一人だった。アンナは仕事を辞めないで、そのまま高校の教師を続けている。彼自身はタクシーの運転手をしていたそうだが、同じ仕事での社会復帰は不可能であった。そのため、ワープロ（当時はパソコンはそれほど導入されていなかった）を使って仕事をするために新しく経理の教育を受けていた。

アンナがいない間は、ヘルパーが通ってきている。すでに移動用のリフトや、アゴで動かす電動車椅子などの補助機具が整備されていた。資料集めをして大体このような住宅改造をと考えていたことと、実際に彼の家庭に行って実物を見て確認するのとでは、想像もつかないことがたくさん出てきて非常に勉強になった。

しかし、もっとも感動したのは、彼のひと言が資料では絶対に得られない言葉であったことだ。

「我が子を好きなときに抱けない」

サンボ（Sambo）

２人の人が共に生活する共同生活の意味。主に同棲として「サンボ」というが、２年以上一緒に住むと、法律上における事実婚の意味をもつ。最近では「サルボ（Särbo）」というのもある。これは、日常は居住を一緒にしておらず、週末だけ共に過ごすという同棲者のことである。

普段、何気なく子どもに接している私たちが思いもかけないことを彼は感じ、焦燥感と葛藤を心のうちに秘めて生きているということが分かったのだ。目の前にいる幼い子どもが、危険な遊びをしていても止めることができない。良いことをして誉めるときも、頭を撫でることすらできなくて言葉でしか表せない。スキンシップの大切な子どもに、スウェーデン人が挨拶代わりにするハグ（抱擁）もできないのだ。愛情表現をいかに示すか、精神的な問題にどう対処するかなどのことは資料のなかからは見つけられない。

この貴重な体験をこのとき私たちは教えられ、後日、このことを交通事故の青年に当てはめて発表した。多感な年齢の一八歳の青年が、事故の後遺症による障害によって生きる力を失い、自暴自棄に陥りやすくなったとき、その精神的サポートをいかにするか、また恋愛をするときにコンプレックスが生じて愛情表現が足らない場合など、作業療法士の目を通してどのようにサポートしていけばよいかなどを発表し話し合った。

このようにして、頚椎麻痺を調査するだけでは得られない成果を調べ、研究している過程で学び、一皮剥けた作業療法士へとみんな成長していくのだ。このPBIを利用したグループワークは、以前にもまして、現在どこの学部でもしばしば取り入れられている。

学期末の試験日やグループワークの発表日が迫ると、図書館は連日学生でにぎわうことになる。身分証明書のパーソナル番号さえあれば、誰でも図書館カードをつくることができる。グループだけではなく個人研究の論文もしばしば書かされるので、大学に入学してからは図書館に頻繁に

図書館の中で勉強する学生

通うことになる。私も、幼い子どものいる自宅では集中して勉強ができなかったので、試験の前日にはよく図書館を利用した。試験に必要な書類や本が貸し出されていて三週間待ちになった場合など、悲劇でパニック状態になってしまうこともあった。早目に予約を入れるという計画性が必要なことも、そのおかげで学んだ。ときには座る場所もないくらい、大学の図書館も市立の図書館も学生や市民でいっぱいになる。老若男女、子どもを問わず図書館には人が集まり、市民の憩の場所になっているのだ。

ルンド総合大学との関係は、現在も切れていない。ハビリテーリングセンターで仕事をしながら、毎年、大学主宰で開かれる医療に関しての新しい講座に出席しているのだ。作業療法に関しての最新評価法、外科手術の特定な研究、リハビリの講座、各種プロジェクトの発表など、新しく勉強しなければならない講座がどんどん出てくる。かといって、すべての講座に参加できるわけはないので、もっとも自分が興味をもっている講座を申請して、予算の関係も含めてハビリテーリングセンターで審議したのちに許可してくれる。つまり、ほとんどの受講費用はセンターが支払ってくれるのだ。単位のとれるコースなどもあるので、その場合は教育休暇をもらって勉強することになる。

このように、大学で勉強したければ単一の講座をいくら年を重ねても受けられるのである。「生涯学習の国」といわれるのが、こんなところからもうなずける。

障害者のために

どこの大学でも、身体的障害のある者には多大のサポートが得られるようになっている。一例を挙げると左記のようになる。

- 講義ノートの記録やコピーのサポート。
- 資料や教科書、講義内容などを無料でカセットテープに吹き込む。点字の資料などは前もって用意されている。
- 盲人や身体障害者には、専属のパーソナルアシスタントが大学内でつく。
- 大学側は、聾唖者のために講義を手話通訳者を介して行う。

- 就学コースについていけるために特別講習を用意している。
- 科目の単位終了試験の際、機能障害にあわせて特別試験をアレンジする（たとえば、筆記試験を口答に変更するなど）。
- クラス移動のために校内はバリアフリーになっている。

大学側は、障害者が入学してくると事前に分かれば、さまざまな対処をすることになる。ルンド総合大学では障害者用の寄宿舎が用意されており、校内でも特別に自習室、グループルームなどを用意している。そして、そこには専属のスキャナーやプリンターも置いてある。補助器具や住宅改良については、居住地の医療チームに連絡すると作業療法士が対処してくれる。障害者連盟が主催するクラブやサークルが大学内には豊富にあり、スポーツも障害者のために欠かせないものとなっている。大学では就学カウンセラーや保健委員など、困ったときに頼りになるサポート機関がいくらでもあるから、安心して学業に専念することができる。

このように配慮された大学のなかで、数学の得意なウーラも勉強している。ウーラは前述したクリスチャンスタッドにある国立統合高校へ通っていた。二〇〇〇年度の国内数学の共通テストでは、重度重複脳性麻痺の彼が第七位の成績に輝いた。発語もなく、おでこに手の代わりをするメタル棒をくっつけて、体が大きく揺れ動くなかでパソコンを操り解答していく。

彼が数学に異常に興味を示し始めたことを、周りの者が気がつくまでには時間がかかった。言葉がなく意志表示をするのさえ困難だった彼を、母親は根気よく教育していった。統合学校でアシスタントを交え、計算する能力をウーラは見事に自分のものにしていった。食事をするのさえ全面介助が必要な彼も、こと数学に関しては異常な能力を発揮したのだ。彼は今も、常時アシスタントの介助を得ながらルンド総合大学の数学部で勉強をしている。障害をもっていても、能力さえあれば大学で学生生活を満喫することができるのだ。

話は少しそれるが、ここで知的障害者が通う芸術専門学校のことを紹介しよう。

知的障害児は、基礎学校、高校と、普通学校と同じ敷地内にある特別学校の特別学級へ通うが、二〇歳になると学習は一応修了することになっている。その後はデイサービスなどの作業所で普通は働くのだが、二〇〇〇年に、二〇歳以上の軽い知的発達障害者を対象にした初の美術専門学校ができた。シムリスハムン（Simrishamn）にできた「ユニクム（Unikum）」という学校である。芸術家でもあり美術教師でもあるエバ・ハルグネ（Eva Hargne）女史がその学校をスタートさせたのだ。

彼女の娘さんは軽い知的障害者で、高校を卒業するとお定まりのデイケアセンターの簡単な作業所勤務が待っていた。母親としてよりも、芸術家として娘の絵の才能が際立っていることを知っていた彼女は、もっとその才能を伸ばしてやれる場所があればと考えた。

これまで、知的発達障害の子どもが行く専門学校はどこにもなかった。娘さんの絵を描くセンスはすばらしく、つい先日もシムリスハムンコミューンの主催で開かれた展覧会で彼女の作品が紹介されたくらいだ。だからエバは、同じような境遇の人が通える専門学校をコミューンの援助やプライベートの寄付金で設立したのだ。最初の一年はいろいろなことに挑戦する期間となっており、素描、造形、木工、彫刻、デザイン、染色などを学ぶ。二年目からは個人の能力にあわせて専門を選び、好きなジャンルの芸術を深めていくことになる。

シムリスハムンの近郊にはたくさんのプロの芸術家がいるので、教師を集めるのには困らない。学校内だけにはとどまらないで、どんどん外にも出て、ショッピングセンターでの展覧会などを開催し、一般市民にも参加してもらえたらとエバはいう。知的障害者がもつ鋭敏な芸術的感性を育成できる場が、もっとたくさんの人に提供できたらと私も願って応援をしている。

学生寮

学生寮について、少し詳しく説明しておこう。普通、大学の寄宿舎か普通のアパートが学生対象の寮になっている。長い廊下を挟んで、学生用の部屋が双方に続いている。多少の違いはあるかもしれないが、部屋は家具つきでソファベッド、机、本箱が置いてあり、小さなクローゼット、トイレ兼洗面室、そして共同の洗濯場が設置されている。この洗濯場は、スウェーデンのアパートすべてにあるので、個人で洗濯機を買わなくてすむ。利用方法は予約制となっており、コインのいらないコインランドリーだと考えてほしい。廊下の端には、共同の台所とバスルームがついている。新築の学生寮には、小さなキッチンとシャワールームが各部屋についている。

部屋の前の長い廊下でワイワイと各部屋のテーブルを持ち出してロングテーブルをつくってパーティをすることもあるし、共同の憩いの場がある所ではそこに学生が集まる。誰かの部屋に集まって音楽を聴きながら夜遅くまで騒ぐのも、学生生活特有の光景である。留学生は、まずこの夜遅くまで鳴り響くステレオの音に悩まされることになる。

スウェーデン人の友達をつくるのは非常に難しい、とよく日本人が嘆く。スウェーデン人は奥手なので、自分から話しかけることはめったにない。もちろん例外はあるが、挨拶をしてもそれ以上はなかなか進まないのである。だから、もし友達をつくろうと思うならば、自分からきっかけをつくっていかなければならない。友達になるのは大変でも、一度話し始めるとそれからは結構スムーズにいく。

学生寮に入ると、頻繁にパーティやプラクティカルジョーク事件が起こる。私もうっかり、このプラクティカルジョークにひっかかってしまったことがあった。

寮の入り口に、「水曜日の七時から二〇時まで断水があるので必要な水を各自確保するように」と、張り紙がしてあった。何事かと思いながらも素直に水をペットボトルやバケツにため、共同のバスタブにも水をためておいた。すると、水曜日になっても断水の兆しがない。蛇口をひねると水はなみなみと出てくるではないか。廊下に出てほかの学生に尋ねると大笑いされた。エイプリルフールだったのだ。ひっかかったのは用意周到な女性ばかりだった。週末のパーティでは、「してやったり！」と男性たちは笑って大喜びをしていた。

ついでに記すが、こういうプラクティカルジョークは、エイプリルフールの日には普段は事実だけを忠実に伝える神聖なテレビのニュースや新聞においても行われる。ニュースキャスターの人が真面目くさってジョークをいうから、すぐに信用してしまうのだ。かなり昔の有名な話だが、カラーテレビがまだないころに、婦人用のストッキングを白黒テレビの前に張ればカラーテレビになるとまでいって、多くの国民をだましたそうだ。最近では、信号渋滞のときに携帯電話のセンサーを差し向けて「オン」にすると信号の「赤」が「青」に変わるというものがあった。ニュースの映像では、車を運転しながら赤になった信号に携帯電話を差し向けてスイッチを押し、青に切り替わる場面が映し出されていた。一見しただけですぐにジョークだと分かるのだが、嘘かどうかを見極めるためにも、エイプリルフールの日の新聞やテレビのニュースはしっかりと見なければならない。嘘を見破るのもまた一種のゲームで、後日、職場での話題にもよく上る。

とにかく、スウェーデンの学生はよく遊びよく学ぶ。図書館はむろんだが、大学のキャンパスの芝生の上や近くの喫茶店などで、本を広げて勉強している学生たちの姿をよく見かける。これも、十分なレベルに達していなければ卒業できないのが理由だし、単位がとれないと次期の就学ローンがストップされるためでもある。学生寮では、週末のパーティを除いて勉強に余念がない。

それでいて、カップルがよく誕生する。同棲自体が公認となっている国だから、カップルが誕生するると学生用の少し大きめのアパートに引っ越しをすることになる。そのまま子どもができて、より広いアパートへ移っていく学生たちもいる。だから、ルンドの街なかには学生のためのアパートが多く、それがゆえに「若い街だ」といわれている。

卒業、そして就職

大学の卒業が間近になると、後輩たちが「キックアウト」の準備をしてくれる。入学したときには私たちが「キックイン」の準備をしたので、そのお返しなのだ。この「キックイン」、「キックアウト」というのは、最近では高校生もしている行事で、要するに学校へ「足で蹴り入れる」、あるいは「蹴り出す」という意味の歓送迎会なのである。

キックインの準備をしたときには、新入生をグループに分けてルンドの街のなかを借り物競走させたり、車椅子の競争をさせたり、サンドイッチマンのように看板を前後にかけさせて街で会うルンドの学生に名前と電話番号を書き込んでもらうなど、悪戯にも似たゲームをして点数を競いあった。キックアウトのときは、それと同等の面白いゲームや競争をした後、教室の机を組み合わせてトンネルをつくり、電気を消して暗闇のなかを卒業生が手探りで進み、最後には窓から外へ放り出されるというものだった。また、当日のパーティはビール、ワイン、シャンパンはつきもので、飲むために歌い、歌うために飲むという風にワイワイと楽しく騒ぐ行事となっている。

このようなイベントは、それぞれの学部でいろんな趣向を盛り込んで行っているようだが、学部のなかで先輩と後輩の交流がないところはこういうイベントもなく、ひっそりと一人ひとりが卒業の通知をもらうだけということになる。

こんな風に卒業前からイベントがあるのだが、メインイベントの卒業式は、前述した高校のときほど華やかではない。大学や学部によって異なるが、それぞれの学部が独自に卒業式を行っている。たとえば、作業療法士の場合、講堂へスーツや背広でドレスアップをした卒業生が集まり、家族の見守るなか、一人ひとりの名前が呼ばれて学部長から卒業証書をもらい、後輩が簡単な卒業ランチを準備しているクラスへ移動して教師たちとともに別れの食事とシャンパンで祝杯を挙げるくらいだ。理学療法士の場合も同様で、同僚に聞くと、彼らのときには、小規模だが生の楽団が演奏したそうだ。また、卒業証書を受け取るときには、右の手で証書を受け取り、それを左手に持ち替えて右手で学部長に感謝の意を表して握手するなど、規則にとらわれないスウェーデンにしては珍しい作法があったとも聞いた。

教師たちと別れたあとは家族と祝うのだが、私たちの場合は、夕方にもう一度ホテルに集まって仲間とディナーをともにした。入学当時は四〇人もいた人数も卒業時には三〇人に減っていた。就職活動はすでに済ませて就職している人、面接を控えている人、そのまま大学で勉強を続ける人とさまざまであった。なかには、卒業と同時にアメリカやイギリスへ就職していく人もいた。

とくに、作業療法士にはアメリカからの依頼が多く、リクルートの業者が年に二回ほど来ては、住宅、労働許可証、子どもの学校まで準備するからとまでいって勧誘している。語学の達者なスウェーデン人にとっては魅力ある就職口である。アメリカに渡った人には若い人が多いが、二年三年と滞在して経験と新しい知識を吸収してスウェーデンに戻って生かしている人も多い。

一般の会社でもそうだが、医療界で就職口を探すときは、とくに夏休みが最適だといわれている。というのも、ほとんどのスウェーデン人は夏休みを三週間から四週間とまとめてとる人が多く、そのために夏休みにはたくさんの代理採用が必要となるのだ。また、そのままうまくいけば、産休代理、病欠代理、教育代理などと、代理採用の期間が伸びる可能性が出てくる。そして、そのまま同じ職場で本採用になる人も多い。本採用にならない場合でも、代理採用だけで同じ職場で数年間過ごしている人もいる。スウェーデンも不況の折から、人材を募集する場合でも外部から雇用するのではなく、数人の代理採用を抱えて必要としている部署に配置移動している会社が多い。だから、たとえ代理採用であっても、一歩その世界へ足を突っ込むことができればそれだけメリットも出てきて本採用にもなりやすいし、新しく就職口を探すのも容易になる。

当然、面接などでは、自分を売り込むためには通り一遍の答えをするよりは、パーソナリティを生かした答え方をするほうが喜ばれる。

成人学校

高校のところでも少し触れたが、大学へ入学するために高校の成績や教科目が足らなければ、新たに補足できるシステムとして成人学校がある。本章を締めくくるにあたって、この学校のことについて具体的な例を挙げながら少し説明しておこう。

この学校は、一九六八年にコミューンや地方自治体が取り入れた学校制度で、成人の再教育の場となっている。成人学校には多彩なコースがあり、義務教育を補充するコース、高校の復習コース、移民のためのスウェーデン語コースも含めた語学コース、そのほかにメディアなどの職業専門コースなどが昼間と夜間に分かれて設定されている。失業している人や職業などで長期の病気休暇をとっている人などが再教育のために通ったり、専門知識を高めるために長期の無給休暇をとってきたり、仕事をしながらも勤務時間の合間に勉強するためなど、多くの人がこの成人学校を利用している。また、このための福祉援助金制度も豊富にあって、二五歳から五五歳を対象とした特別成人教育援助金、失業者のための援助金、大学と同様の就学ローンや日割りで支給される短期援助金など、それぞれの条件に合う人にコミューンから援助金が支給されている。

友人に、この成人学校をフルに活用した人がいる。一〇年間にわたって看護婦として働いていた友人だったが、ある日、自分は法律を勉強したくなったといい、高校のときの成績ではそのまま大学への進学ができないので、まずそれを補填すると宣言して成人学校に入ってのちに大学に入学した。難しい文章に興味をもち四角四面に話す彼女の才能は、やはり法律関係に適していたのかとそのとき思った。

彼女も母子家庭で、子どもの父親とは妊娠中に別れていて、子どもは夏休みの数週間を父親と過ごす程度である。二年間成人学校へ通って、三年目にはルンド総合大学の法律学部へ進学した。三七歳の出発である。子どもの宿題を見ながら自分の学習もしていた。学校が休みのときには看護婦として地域の診療所で代理看護婦として働いていたが、法律を勉強するほどに給料の交渉がうまくなったといって喜んでいた。「当然の権利よ」ともいっていたが、自分の価値をどのようにアピールすることができるかで決まるらしい。

法律事務所での実習へ行くときはこれまでのジーンズを脱いで手持ちのスーツを着ていたが、まだ板についていなくて、何となく仮装をした感じだった。その彼女も無事法学部を卒業して、現在は警察の法務課に代理採用されている。今ではスーツもピシッと着こなし、ホワイトカラー種族に染まっていて違和感がなかった。「これからはＥＵ（欧州連合）の仕事よね」と、ドイツ人の母親のおかげでドイツ語を自由に操れるのを生かして、何とか国際的なＥＵ関係の仕事をこなしたいと願っている。

もう一人の知人は、医者になることを三六歳で志望した。彼は結婚もしていて子どももいたが、子どもが一番手のかかる幼少時代をすぎると同時に成人学校へ通い始めたのである。それまでは、医療とはまったく関係のないセールスマンであった。三五歳をすぎると、人間は一つの境目に立つのかもしれない。そのまま人生を送るのか、それともこれからまだ変化を求めるのか。

彼は成人学校を一年間でクリアし、労働年数も加算されて見事医学部へ入学することができた。もともと人付き合いのよい彼ではあったが、若い人たちに混じってもう一度一からやり直すのはきついとももらしていた。しかし、研修医になって患者に接するときは、社会経験と年齢からくる風格とですぐに信頼関係が生まれ、逆によかったともいっていた。信頼されれば責任も大きくなるので、若い人以上に勉強したのはいうまでもない。そして、彼の家族が見守るなかで見事目的を達成した彼は、四五歳から医者として働き始めた。

もう一人紹介しよう。私が働くハビリテーリングセンターで受け持っている重度重複障害児の母親である。彼女は、現在離婚して子どもの親権をめぐって訴訟中だが、障害児の世話を誰にも頼らないで、可能なかぎり自分でやろうとする気丈夫な人である。滅多に補助器具を欲しいともいわないし、こちらから提案する援助も最後の最後まで「もう少し自力でやってみるわ！」といって拒む人である。権利を主張しやすいスウェーデン人のなかでは珍しい人物ともいえる。

その彼女が、わが子の障害を精神的にも身体的にも克服するためか、二年前の一九九九年に看護婦になる決意をした。何度か家庭訪問をした今年の夏、住宅改造や補助器具の話をしているときに心を開いて語ってくれた。

「私は高校のころは勉強も学校も嫌いで、宿題一つしていかなかったわ。ボーイフレンドを追いかけるほうが楽しかったし、いつも友達同士でつるんでいた……。だから、当然成績なんて不可ばかりで、看護婦になろうと思っても、とてもじゃないけど入学できる成績ではなかった。それで、一念発起して成人学校へ通うことにしたの」

障害をもつ女の子を産むと、父親は見向きもしなくなった。父親は健常児である兄の親権を取ろうと必至で、それがゆえに訴訟になっている。

「両方とも彼の子どもなのに……」と、彼女の表情も暗い。

ハビリテーリングセンターで開かれるミーティングの場にも両親揃ってやって来るが、父親の発言はひと言もない。質問を振っても、彼は「イエス」か「ノー」と短く苦虫を噛み下したように答えるのみで、家族中心の相談や会議には決してならない。一応、隔週で二人の子どもは父親の所に行っているが、彼のおざなりな女の子への扱い方に母親も我慢できないでいる。女の子を、父親に預けなくなるのも時間の問題であろう。父親の思うつぼであろうが、父親自身精神的に弱く、わが子が障害児であったショック状態からまだ抜け切れていない状況である以上、仕方がないのかもしれない。

「ねっ、この成績表を見て！〝優〟をもらったのよ。こんなに歴史が面白いなんて思ってもみなかった。王様の系図なんかを追っていくとスキャンダルばっかりで、内容が濃くて興味津々」

彼女は、障害児のわが子から得られない精神的に欠けた部分を知識を吸収することで満たしていこうとしている。苦しみに耐えて、頑張って、努力して、明るく振る舞っている姿が見るからに痛々しい。

「年号なんか暗記していくのでしょう。よく覚えられるわね。私なんか数字に弱いから苦手だわ！」と、私も同調して答える。

「意外と簡単に覚えられたわ。我ながら不思議！」

「すごいね。暗記能力が抜群だ。私なんて健忘症にかかっているみたいで、忘れて困るわ」

「集中すると大丈夫よ」

彼女はニコリと喜び、自信満々の得意げな笑顔を返してくれる。幼い子どもを早く寝かして、集中して勉強しているだろう彼女の姿がまぶしい。

この障害児の女の子は、普段は意識の有無も分からないほど何の反応もないが、音感は確かで音楽には反応する。童謡などを母親が歌うと、ハミングを返す。ベートーベンの『喜びの歌』などを自然に口にするので、母親は「オペラシンガーにする」などとジョークをいうこともある。彼女は歌を歌うことで、子どもとコミュニケーションをとっているのだ。

成人学校を一年前かけて優秀な成績で終えた彼女は、二〇〇一年の秋の新学期から看護婦の資格を取るために歩み始めている。現在、スウェーデンの医療界では看護婦が不足しており、一人でも多くの看護婦を必要としているだけに彼女の前途は明るい。

このように夢を実現した三人だが、成人学校があるおかげで、人生の岐路に立った人がもう一度人生をやり直すことができる。このようなすばらしいチャンスを、スウェーデンは国民一人ひとりに与えている。

おわりに

スウェーデンにある日本人会が、在住の日本人を対象にスウェーデンと日本の学校教育の違いについてアンケート調査をした。その結果を見ると、私が常日ごろ考えていることと相似していた。スウェーデンの学校は個人重視で生徒の能力に応じて自由に勉強はできるが、授業態度が悪く秩序に欠ける。それに対して日本の学校は、多人数で集団教育であるが能率もよく、授業態度もよい。しかし、校則が厳しすぎて個人の人権を無視しており、すべてにおいて拘束しすぎている。自由放任のスウェーデンの学校と、窮屈で閉鎖的な日本の学校、個人の自立を主体にした教育と自我を捨てて集団の和や礼儀を尊重する教育、実に対称的だ。

しかし、どこの国にでも学校教育の長短所はあり悩みは共通である。凶悪犯罪が増加する日本、新ナチス党がはびこり人種問題が増加傾向にあるスウェーデン、ともに社会問題が氾濫している両国。教育のあり方では対称的な国でありながら、このように深刻な問題を同じく抱えている。「スウェーデンと日本の学校のどちらへ行きたいか?」と、問われれば答えに窮する。日本では授業は静かで速やかに進むし、放課後のクラブ活動はあるし、文化祭や運動会などの行事がとても楽しい。集団で行う予行演習などは非常につらいが、緊張する本番後には何となく快感すら感じる。しかし、個人にかかるプレッシャーは相当なもので、勝負ごとに負けると世界の罪を一身に背負うような酷い結果になり兼ねない。「のびのびと参加することに意義がある」、などとはいってはおられないのである。

楽しいはずの行事が、一歩間違えば地獄となりそうな競争の世界である。スウェーデンには競争意識があまりない。スポーツの世界ではもちろん競争の結果が重んじられるが、日本ほど深刻なプレッシャーが個人にはかからない。あくまでも、スポーツマン個人が自分自身に課せるプレッシャーである。スウェーデンの学校のよいところは、プレッシャーもなく、授業も楽しいし、週末や長期の休みには宿題もなく、放課後は思いっきり自然のなかで遊べることだろう。

このように、日本の学校では集団活動の面白さが分かり、スウェーデンでは個人活動の楽しさが分かる。挙げると切りがないほど対極的なさまざまな長所が出てくる。だから、どちらを選択するわけにもいかないし、どちらも欲しい（単に、欲張りなだけかもしれない）。

合理性を美徳とするスウェーデンは、日本に古来から伝承されている人情、気質、家族構成の強い絆、近所の連帯、協力、礼節など穏やかな和を羨む。そして、スウェーデンにない日本の共同体的な生活様式を非常に羨む。スウェーデンにないものが日本にはあるのだ。これを壊さないで、スウェーデンの教育制度のなかでよいと思うものを日本の学校へ取り入れることはできないものだろうか？　あるいはその逆は？

マルメの政治家たちが、日本の学校を視察してきた。日本の学校では、生徒が順番に教室の掃除をしている。公共物の破損行為が頻繁に起こるスウェーデンの学校では、莫大な修理費が嵩み不経済でしようがない。

「公共物を大切にする意識を養うにはこれだ!」と、この掃除制度を取り入れるべく、スウェーデンに帰国した政治家はある中学校で掃除の当番制を提案した。途端に、生徒からの猛反撃を受けたのである。理由は、生徒が掃除すれば掃除人が失業してしまい、彼らは生活に困るというのだ。掃除人の仕事を取り上げる権利は我々にはない、とも反論した。自分たちの怠惰さは棚に上げておいて、人を救うためにあえて掃除をしないという。実に面白い発想だと思った。結局、掃除人たちも反対したので掃除の当番制は実現しなかった。

両国のよいところばかりをチョイスして教育システムを考えれば、ユートピアといえるような教育制度ができるのではないだろうか。理想の学校をつくる要素を少し挙げてみる。

- 個人の意見や態度が十分反映できる学校。
- 個人の主体性を尊重してくれる学校。
- 個人を尊重するのと同時に、互いを尊重することを教えてくれる学校。
- 楽しい学校行事があり、自由選択のクラブ活動では連帯責任を学びながら集団の面白さが分かる学校。
- 授業中も、積極的にあらゆる五感を通じて学んでいける学校。
- 容姿服装の校則は節度を重視し、枠の広い寛大な学校。

- 競争だけが唯一のサバイバル方法ではないと教えてくれる学校。
- 強弱なく、みんながそれぞれの能力にあわせて平等で、人種混合の学校。

ひょっとして、本書を読んでいるあなたも同じビジョンをもっているのではないだろうか？小人数のクラス、教師の数を増やす、障害者の統合、アシスタントを入れる、宿題をなくす、グループワークの増加、テーマ学習の枠を広げる、そして成績表のない学校。日本の子どもたちから拍手が聞こえてくるようだ。しかし、ここで決して忘れてはならないことは、これらの要素が教師にも通じることである。教師の主体性を尊重してそれが反映できる学校でなければ、子どもへの教育はビジョンだけで終わってしまう。教師の一人ひとりが人間的に充実し、ゆとりのあるシステムでなければこのビジョンを実現させる教育は成立しないだろう。

スウェーデンの自由奔放かつ平等で自由選択や自己実現のできる学校教育を、日本の「集団」や「和」を尊重する学校教育に取り入れ、両立させることは不可能なのだろうか。誤解されないようにいうが、集団教育を個人教育に切り替えろといっているのではない。集団教育のなかで、重要な個々の教育をもっと高めてもよいのではないかといいたいのである。つまり、個人を尊重するべき多目的な自由な学校があってもよいのではないかと思うのだ。

突然、個人教育に転換しようとすれば必ず無理が出る。自我確立のための個人教育が、早急さがゆえに誤って利己的なエゴイストを生み兼ねない。これまでの伝統的な官僚意識の強い集団教育を見つめ直して、一つの共同体のなかで「光る」個人教育が欲しいのだ。

過去、スウェーデンでも管理された教育制度はあったし、あまりにも自由教育に奔走していた時代もあった。それにブレーキをかけ、指針を少しずつ戻して常に改革してきている。日本の教育制度や構造を少しでも「個人」や「平等」や「自由」に向けて、多目的な教育が成される方向にあわせてみてはどうだろうか。そうすれば、両国が少しは近づくのではないかと思う。そして、日本には日本らしい文化を基盤とした学校ができ、はみ出た子どもたちを包括的に受け入れる寛大な教育の場ができるだろう。そして、個人を個人として認め、個人の主張を育成させつつ集団教育の楽しさが理解できる学校になるのではないだろうか。

日本でも教育改革国民会議を設け、現在の教育やシステムを見つめなおし、情報化への対策や大学進学、教員養成、道徳教育など、新しい時代を担う子どもたちを育てる環境を再構築することに力を入れようとしている。

アメリカのテキサス州では、自由放任教育の結果、学力低下した公立学校の水準を上げるために、学校をランク付けにして学校同士を競争させたそうだ。その結果、共通テストでは全米最優秀賞をとったという。ヒューストンでは、キップスクール（Kippschool）という教育方式をスラム街に導入した。「英才教育を」というスローガンで、学業に励む契約を生徒だけでなく両親とも結び、次々と生徒が大学への奨学金を得るという成果を上げている。山とある宿題を両親とともに時間をかけてこなし、遊ぶ余裕のない詰めこみ方式である。多大な労力が親子ともどもに強いられるが、彼らにとってはそれが唯一スラム街から脱出できる方法でもある。

イギリスでは、かつてマーガレット・サッチャーが異民族の多い宗教や文化の多様さに、国家のアイデンティティリスクがあるとして逆に規制を強め、公立学校ではキリスト教を中心に教育するようになった。

弱肉強食を思わせる、強い者が成果を得るように改革していく知力の競争を重視する国と、個人選択を主体にするゆとりのある教育と平等を望む国とがある。この対称的な二つの思想を、よく考えてほしい。この世に生をもって生まれた以上、誰しも平等に生きる権利を有する。誰のための教育か、何を学ぶのか、優劣は何を基準に誰が決めるのか、誰のために何を目的に働くのか、競争しないと生きていけない社会をつくるのはよいことか、競争についていけない人の価値はないのか、弱者はどうするのか……疑問はたくさん出てくる。

「別に急がなくてもいいではないか。ゆっくり学べばいいじゃないか。このスウェーデンでは、一生涯かけて学習していけばいいのだから」

教育は最低限の社会ルールを学ぶため、教育は個人が知りたい知識を満たすため、働くのは自分の人生を豊かに過すため、労働は生存のための必然行為であるという考え、私生活を優先して自分の人生を満喫しようとしているスウェーデン人、そしてそれを寛容に認めて受け入れてくれる社会、それがスウェーデンの本質である。ゆとりのある教育を平等に国民に与えることを提唱すると同時に実践していきながらも、実験国家と非難され、経済的苦悩があり欠陥も裏面もあるスウェーデン。しかし、国民の教育を重視し、常に改善していこうとする姿勢は絶賛に値する。そして、弱者にとってはまったく天国のような国であろう。

個人教育を実践しているスウェーデンの教育に学ぶことは多大にあると思う。何度もいうが、私も苦しい時代をこの国の福祉の恩恵を受けて助けられた。同じ境遇の人を、日本ではどう助けることができるだろうか。故郷でもある日本を愛しているからこそ、日本のこれからの教育界への変革は、日本の文化を中心に平等で寛容な社会を築き、人間として日本人として誇りに思える政策をしてもらいたいと望まずにはいられない。日本の美を誇りに思うのと同じくらい日本の社会をも誇りに思えるような、世界的に注目されるような社会構造をつくってもらいたい。特定の人物だけが栄光を得るような社会には決してしないでほしい。強者も弱者も、ともに肩を組んで進んでいける「和」の国、そんな国に二一世紀はしてもよいのではないだろうかと考えながら筆を置きたい。

最後になったが、本書を執筆するにあたり多大なる協力を得た株式会社新評論の武市一幸さん、スウェーデン居住の友人たち、そして日本に住んでいる友人や家族から常日頃より支援をいただいていることを、ここで感謝したい。

二〇〇一年　一二月

河本佳子

参考文献一覧

Sixten Marklund "*Skolan Förr och nu*" Liber Utbildningsförlaget, 1984

Helena M Henschen "*Skolbarn*" Folksam och tiden, 1985

Hans Dahlgren, Margit Östling Dahlgren "*Lärare i Grundskolan*" Ekelund, 1992

Gunnar Richardson "*Ett folk börjar skolan*" Allmänna Förlaget, 1992

Lars-Erik Larsson, Bo Asp "*Skolans frirum växer*" Förlaghuset Gothia, 1994

Sixten Marklund "*Profiler i folkundervisningens historia*" HLS Förlag, 1997

Kent Liljeqvist "*Skola o samhällsutveckling*" Studentlitteratur1994, 1999.

Åke Ohlmarks, Nils Erik Barhrendz "*Svensk Kulturhistoria*" Forum, 1999

Docent Stig Nordström "*Utbildnings Historia2000*" Föreningen for svenskundervisningshistoria, 2000

著者紹介

河本　佳子（こうもと・よしこ）

1950年、岡山市生まれ。

1970年、岡山県立短期大学保育科を卒業と同時にスウェーデンに移住。

1974年、ストックホルム教育大学幼児教育科卒業。以後、マルメで障害児教育に携わる。

1992年、ルンド大学医学部脳神経科作業療法学科卒業。その他、同大学でドラマ教育学、心理学の基本単位修得。

1999年、スコーネ地方自治体より25年間勤続功労賞を授与。

現在、マルメ大学総合病院ハビリテーリングセンターで作業療法士として勤務。

著書：『スウェーデンの作業療法士』（新評論、2000年）

　　　『スウェーデンのスヌーズレン』（新評論、2003年）

訳詩：『ヨタヨタくもさん』（Stegelands Forlag, 1981）。

共著："*Surgery of the spastic hand in Cerebral Palsy*"

The journal of Hand Surgery British and European, 1998.

スウェーデンののびのび教育　（検印廃止）

2002年2月15日　初版第1刷発行
2003年2月20日　初版第2刷発行
2004年2月15日　初版第3刷発行

著　者　河　本　佳　子
発行者　武　市　一　幸

発行所　株式会社　新　評　論

〒169-0051
東京都新宿区西早稲田3-16-28
http://www.shinhyoron.co.jp

電話　03(3202)7391
FAX　03(3202)5832
振替・00160-1-113487

落丁・乱丁はお取り替えします。

定価はカバーに表示してあります。

印　刷　フォレスト
製　本　清水製本プラス紙工
装　丁　山田英春
イラスト　河本佳子

Printed in Japan
ISBN4-7948-0548-9　C0037

よりよく北欧を知るための本

河本佳子 **スウェーデンの作業療法士**	四六 264頁 2000円 〔00〕	【大変なんです，でも最高に面白いんです】スウェーデンに移り住んで30年になる著者が，福祉先進国の「作業療法士」の世界を，自ら従事している現場の立場からレポートする。
伊藤和良 **スウェーデンの分権社会** ISBN 4-7948-0500-4	四六 263頁 2400円 〔00〕	【地方政府ヨーテボリを事例として】地方分権改革の第2ステージに向け，いま何をしなければならないのか。自治体職員の目でリポートするスウェーデン・ヨーテボリ市の現況。
清水　満 新版 **生のための学校**	四六 288頁 2500円 〔96〕	【デンマークに生まれたフリースクール「フォルケホイスコーレ」の世界】テストも通知表もないデンマークの民衆学校の全貌を紹介。新版にあたり，日本での新たな展開を増補。
清水　満 **共感する心、表現する身体**	四六 264頁 2200円 〔97〕	【美的経験を大切に】知育重視の教育から，子どもの美的経験を大切にする新しい教育環境を創る。人間は「表現する者」であるという人間観をデンマークとドイツから学ぶ。
小笠　毅 **学びへの挑戦**	四六 240頁 1600円 〔00〕	【学習困難児の教育を原点にして】「子どもの権利条約」を縦軸に，インクルージョン教育を横軸に，障害児教育を原点に据えて分析し，解決をめざす「遠山真学塾」の挑戦。
A.リンドクウィスト，J.ウェステル／川上邦夫訳 **あなた自身の社会**	A 5 228頁 2200円 〔97〕	【スウェーデンの中学教科書】社会の負の面を隠すことなく豊富で生き生きとしたエピソードを通して平明に紹介し，自立し始めた子どもたちに「社会」を分かりやすく伝える。
B.ルンドベリィ＋K.アブラム=ニルソン／川上邦夫訳 **視点をかえて** ISBN 4-7948-0419-9	A 5変 224頁 2200円 〔98〕	【自然･人間･全体】太陽エネルギー，光合成，水の循環など，自然システムの核心をなす現象や原理がもつ，人間を含む全ての生命にとっての意味が新しい光の下に明らかになる。
福田成美 **デンマークの環境に優しい街づくり** ISBN 4-7948-0463-6	四六 250頁 2400円 〔99〕	自治体，建築家，施工業者，地域住民が一体となって街づくりを行っているデンマーク。世界が注目する環境先進国の「新しい住民参加型の地域開発」から日本は何の学ぶのか。
飯田哲也 **北欧のエネルギーデモクラシー** ISBN 4-7948-0477-6	四六 280頁 2400円 〔00〕	【未来は予測するものではない，選び取るものである】価格に対して合理的に振舞う単なる消費者から，自ら学習し，多元的な価値を読み取る発展的「市民」を目指して！
K―H.ローベル／高見幸子訳 **ナチュラル・チャレンジ** ISBN 4-7948-0425-3	四六 320頁 2800円 〔98〕	【明日の市場の勝者となるために】スウェーデンの環境保護団体の「ナチュラル・ステップ」が，環境対策と市場経済の積極的な両立を図り，産業界に持続可能な模範例を提示。

※表示価格は本体価格です。